·物流与供应链创新与发展丛书

物流业市场结构

THE STUDY OF LOGISTIC MARKET STRUCTURE EFFECTS ON CHINA'S INDUSTRIAL DEVELOPMENT

对中国工业发展的影响

潘 斌◎著

本书由内蒙古财经大学资助出版

经济管理出版社
ECONOMY & MANAGEMENT PUBLISHING HOUSE

图书在版编目（CIP）数据

物流业市场结构对中国工业发展的影响/潘斌著.—北京：经济管理出版社，2018.11
ISBN 978-7-5096-6244-1

Ⅰ.①物… Ⅱ.①潘… Ⅲ.①物流—产业发展—市场结构—影响—工业发展—研究—中国 Ⅳ.①F424

中国版本图书馆 CIP 数据核字（2018）第 286015 号

组稿编辑：王光艳
责任编辑：杨雅琳
责任印制：黄章平
责任校对：董杉珊

出版发行：经济管理出版社
（北京市海淀区北蜂窝8号中雅大厦A座11层　100038）
网　　址：www.E-mp.com.cn
电　　话：（010）51915602
印　　刷：北京虎彩文化传播有限公司
经　　销：新华书店
开　　本：720mm×1000mm/16
印　　张：11
字　　数：191千字
版　　次：2019年3月第1版　2019年3月第1次印刷
书　　号：ISBN 978-7-5096-6244-1
定　　价：58.00元

·版权所有　翻印必究·
凡购本社图书，如有印装错误，由本社读者服务部负责调换。
联系地址：北京阜外月坛北小街2号
电话：（010）68022974　邮编：100836

前　言

当前，中国工业发展正在增长动力、生产方式和发展模式三个方面处于重要的转换期，与此同时，全球经济也正从金融危机的低谷中疲软复苏，作为全球最大发展中经济体的中国经济也不得不面临高速增长与诸多诟病相伴而行的挑战。其实，长期以来，规模和速度一直都是工业发展的重要衡量，这不仅导致了普遍性的单纯重视产值和增速，也导致了资源浪费、环境损害、竞争力弱等深层次问题，特别是在经济跨入新常态的背景下，欧美国家工业回流和发展中经济体的追赶，加之生产要素成本上涨、人口红利渐失、资源环境承载能力到了极限等不利因素叠加，中国工业发展的传统动力减弱，与生产性服务的不协调问题也更加凸显。在此背景下，如何结合其他产业有效地落实中国工业内涵发展具有较强的现实意义。

中国经济形态正经历从工业经济向服务经济不断推进的长期进程中，与工业关联度不断增大的生产性服务业对工业发展质量的支撑作用也逐步受到关注。物流业作为生产性服务的重要组成部分，其贯穿于整个工业生产过程，解决它的市场结构与工业内涵式发展相悖的状况将成为重要的关键点和着力点。改革开放以来，中国物流业由国家相关部委单一管控垄断的交通运输体系转变为"四足鼎立"的物流企业形式相互竞争的服务体系。但不容忽视的是，作为经济新常态下的世界第二大经济体，渐进式的中国经济体制形成了独特的物流业市场结构，传统国有企业转型的物流企业一直占据主导地位，其他形式的物流企业还有待于进一步发展。那么，在这样的背景下，物流业市场结构对中国工业发展的影响如何呢？

作为经济新常态下的全球最大发展中国家，中国在服务业发展严重滞后的经济体系下取得了奇迹般的工业规模增长，但更需通过推进改革创新迈上注重内涵发展的道路，从投资驱动到创新驱动、从生产型制造到服务型制造、从规模速度到质量效率，以构建更强大的工业生产力和更发达的工业经济体系与其他产业的发展彼此支持。本书依循从问题导向到目标导向的研究步骤，在服务—增长和产业组织等相关理论的支撑下，兼合考量了工业发展质量内涵，并梳理和总结物流业市场结构，从增长动力、生产方式、发展模式三个方面探寻工业发展的事实、特征基础上，做了物流业市场结构对中国工业发展影响的理论分析，并据此描绘了其作用路径。同时，综合运用 OLS、面板回归等多种方法系统地实证分析了物流业市场结构对中国工业发展的影响。

通过分析，本书得到的基本结论如下：

第一，改革开放以来，中国物流业市场结构经历了四段成长演变轨迹，伴随着中国物流业由国家相关部委单一管控垄断的交通运输体系转变为包含传统国有企业转型的、新兴民营的、外资的和源自生产流通的物流企业等多种性质主体彼此竞争的物流体系，物流企业之间的竞争也不断加强。同时，虽然新兴民营物流企业等其他物流企业的市场份额不断上升，物流业集中度也基本上呈小幅上升趋势，但拥有绝对市场优势的仍为由传统国有企业转型的物流企业，中国物流业市场结构仍属于低度集中寡占型市场结构并没有改变，且存在着较大的区域差异，改善空间仍很大。

第二，无论从区域还是从产业细分，抑或是用不同的表征手段来看，产业增长速度、技术创新水平、工业污染物排放程度均表现出明显的区域和细分产业差别。就区域特征而言，经济发达地区的产业增长、技术创新和工业减排都明显优于经济欠发达地区，而产业转型升级过程中的交错状态则通过细分产业的差别表现了出来。

第三，通过对相关理论的推演表明，与经济结构失谐的物流业市场结构无法满足中国工业整体的产业增长需要；根据物流业市场结构对工业发展影响的四个本质特征指出，工业发展主要体现在工业升级，物流业的主要功能之一就是它能够积累人力资本和知识资本，深化生产的迂回过程，促进价值链升级的利润转移、增强技术创新引领与示范效应以及增强物流服务的差异化竞争优势来改变其市场结构，并将人力资本和知识资本引入生产过程，协调和控制专业化生产，有效地降低企业的生产成本，从而促进工业体系的发展。当然，这并不意味着物流业市场集中度越高越有利于促进工业发展。根据产业组织理论，高集中度产生垄断，而低集中度竞争又不充分，因此，可以说，适度集中度市场不仅有利于物流业自身的内生发展，也有利于其产业关联机制效应的充分发挥，从而促进相关产业的发展。

第四，物流业市场结构对中国工业产业增长系数为负，但影响并不显著。产生这一结果的原因可能是，在考察期内物流业还处于规模分散发展阶段，有效竞争不足，内部增长效应不明显。虽然劳动力和资本是最主要的生产要素，它们极大地影响着产业结构，但要素无论在生产率水平还是在增长率变化上，物流业与工业之间都存在着较大的差异，物流业内生增长并不强，市场需求增长率和企业进入率对物流业集中度起负向作用，且整个行业发展波动性太小，物流业市场结构在基本面上没有任何改变，因而导致了不显著的结果。鉴于工业在中国整体经济中的重要地位，提高物流业集中度，改善物流业市场结构使其成为中国工业发展的新动力，对促进中国工业产业质效双升具有极为重要的实际意义。

第五，近年来，中国经济总体上高投入低产出、产业层次低、技术创新能力弱的粗放式发展模式有了一定的改观。物流业市场结构对中国工业技术创新的影响不显著且存在区域差异。产生这一结果的根本原因在于物流人才与技术落后，自身创新能力普遍比较低下，以及与工业之间的关系过于松散，所以对于技术创新的中介效应难以有效传导。由于物流业自身创新能力不足，造成其对外溢出能力较弱，从而反馈效应对工业发展的影响是较弱的；另外，在第二产业中，产业关联的差异性比较大，例如烟草制品业、食品加工制造业等一些行业产业链条相对较短，产业关联的特征不显著，其感应能力较弱，因而受其他产业的影响比较小。这充分说明，在我国产业转型升级过程中，产业融合发展是非常重要的一条途径，这样可以拉伸产业链，促进产业之间的技术融合，加快产业的转型升级。同时，经济开放程度的提高和人力资本进步的水平程度有利于技术创新；工业企业规模对工业专利申请数和新产品销售收入份额均存在正的影响，同时，交通基础设施与工业技术创新也存在正相关关系。

第六，物流业市场结构与工业污染物排放强度存在着负相关趋势，即物流业市场集中度的提高有利于降低工业污染物排放强度，进而有利于工业减排。但就当前而言，工业污染物排放强度受其影响不显著，结果背后的原因在于物流业自身发展的问题，尤其是物流业市场结构的不合理，因为在产业间的相互影响过程中，产业自身机制建设的重要性是大于产业之间的关联作用的。另外，物流企业的服务行为和较低的企业规模抑制了资本配置效率的提高。具体而言，资本配置效率的提高会受制于较低的物流业市场集中度，即资本因"肠梗阻"在行业间的流动受到阻滞，从而中国工业"三废"排放强度的降低被限制。同时，规模经济、人均资本存量、人力资本、工业化程度、滞后一期人均GDP和环境规制强度对工业污染物排放强度具有显著的负向影响,即这些变量的增长(提高、改善)均有利于减弱工业污染物的排放强度。

第七,物流业市场结构的多次历史变迁和工业在改革中的迅速发展变化,这就决定了物流业市场结构与工业发展之间关系的短期性和多变性。通过实证部分的结果可以发现,其背后可能的原因是,中国工业在发展过程中与物流业市场结构的变化很不一样,工业产业发展较快,从而总体效应在不断上升,整个发展机制处于优化状态,这得益于内生性的加强,而物流业市场结构的变化则较为平滑,仅存在轻微的波动,显然,两类产业部门的生产机制存在明显差异,部门间存在着关联不匹配现象,进而导致物流业市场结构对工业发展的影响不明显,这在很大程度上源于其产业关联机制的效应没有充分发挥,也即物流业本身的内生性发展动力不足甚至是下降了,可能源于接受其他产业的反馈能力也变弱,从而开始阻碍其对于工业发展的支持性作用且不明显。

基于以上基本结论以及中国物流业市场结构和工业发展的事实、特征,为了更有效地促进中国工业发展质量提升,本书给出以下政策建议:改善政府行为对资源配置的扭曲,创设产业发展政策,促进产业结构优化升级;完善衔接顺畅的基础网络,调整产业空间布局,推进物流服务支撑下的融合发展;实施差别化的物流区域发展政策,缩小区域物流发展差距,促进区域间调和发展;市场化与工业化的进一步推进和提高,有助于创造良好的工业技术创新市场环境;打造"物流+工业信息"标准化云平台,促进产业间信息互通,提供信息共享支撑;增强在提高人力资本水平上的着力点,以更好支撑工业技术创新和工业减排;纵深推进实施国际化布局,与工业发展的"走出去"战略相伴而行。

目 录

导 论 ·· 1
    一、问题的提出及研究意义 ·· 1
    二、基本概念的界定 ·· 3
    三、研究思路与主要内容 ··· 5
    四、研究方法 ·· 7
    五、创新点与不足之处 ·· 8

第一章 文献综述与基础理论 ··· 10
  第一节 文献综述 ·· 10
    一、国外文献综述 ·· 10
    二、国内文献综述 ·· 12
    三、对国内外文献的评述与启示 ·· 15
  第二节 基础理论 ·· 17
    一、物流—增长相关理论 ·· 17
    二、物流业市场结构相关理论 ··· 19

第二章 物流业市场结构与工业发展：事实与特征 ·· 24
  第一节 中国物流业市场结构的演变历程 ··· 24
    一、改革开放前 ·· 24
    二、改革开放后 ·· 25
  第二节 中国物流业市场结构的测度与分析 ··· 29
    一、基于时间维度的分析 ·· 30
    二、基于地区维度的分析 ·· 39

第三节　中国工业发展的事实描述 …………………………………… 42
　　一、工业产业增长的基本特征 ………………………………………… 43
　　二、工业技术创新特征 ………………………………………………… 47
　　三、工业污染物排放特征 ……………………………………………… 56
第四节　本章小结 ………………………………………………………… 70

第三章　物流业市场结构对中国工业发展的影响：理论分析 ………… 71

第一节　物流业市场结构与中国工业发展二者关系 …………………… 71
　　一、物流业与工业的关系 ……………………………………………… 71
　　二、物流业市场结构与中国工业的关系特征 ………………………… 73
　　三、物流业市场结构对中国工业产业增长的影响 …………………… 74
　　四、物流业市场结构对工业技术创新的影响 ………………………… 77
　　五、物流业市场结构对工业污染物排放的影响 ……………………… 79
第二节　物流业市场结构对中国工业产业发展影响的本质特征 ……… 81
　　一、物流业市场结构发展路径 ………………………………………… 82
　　二、物流业市场结构对工业发展影响的本质特征 …………………… 84
第三节　物流业市场结构对中国工业产业发展影响的作用机理 ……… 85
　　一、促进人力资本与知识资本的深化 ………………………………… 87
　　二、深化专业化分工与降低交易成本 ………………………………… 87
　　三、促进价值链升级的利润转移 ……………………………………… 88
　　四、增强技术创新引领与示范效应 …………………………………… 89
　　五、增强物流服务的差异化竞争优势 ………………………………… 90
第四节　本章小结 ………………………………………………………… 91

第四章　物流业市场结构对工业产业增长影响的实证分析 …………… 92

第一节　计量模型 ………………………………………………………… 92
　　一、基本计量模型 ……………………………………………………… 92
　　二、扩展模型 …………………………………………………………… 93
第二节　数据说明与描述性统计 ………………………………………… 94
第三节　回归估计与讨论 ………………………………………………… 96
　　一、基本模型的回归结果 ……………………………………………… 96

二、扩展模型的回归结果 ………………………………………… 98
　　三、基于基本模型的地区层面回归结果 ………………………… 99
第四节　本章小结 ……………………………………………………… 102

第五章　物流业市场结构对工业技术创新影响的实证分析 ……… 103
第一节　中国工业技术创新的影响因素 ……………………………… 104
第二节　计量模型 ……………………………………………………… 105
第三节　数据来源与描述性统计 ……………………………………… 107
　　一、数据说明 ……………………………………………………… 107
　　二、数据平稳性检验 ……………………………………………… 109
第四节　回归估计与讨论 ……………………………………………… 110
　　一、对全国情况的回归分析 ……………………………………… 110
　　二、对不同区域情况的回归分析 ………………………………… 113
第五节　本章小结 ……………………………………………………… 121

第六章　物流业市场结构对工业减排影响的实证分析 …………… 122
第一节　计量模型 ……………………………………………………… 123
第二节　数据来源与描述性统计 ……………………………………… 124
第三节　回归估计与讨论 ……………………………………………… 128
　　一、全部样本的估计结果 ………………………………………… 128
　　二、分区域的估计结果及比较 …………………………………… 130
　　三、稳健性讨论 …………………………………………………… 138
第四节　本章小结 ……………………………………………………… 140

第七章　结论与政策建议 ……………………………………………… 141
第一节　主要结论 ……………………………………………………… 141
第二节　政策建议 ……………………………………………………… 144

参考文献 ……………………………………………………………… 149

后　记 ………………………………………………………………… 163

导 论

一、问题的提出及研究意义

当前,中国工业发展正在增长动力、生产方式和发展模式三个方面处于重要的转换期,与此同时,全球经济也正从金融危机的低谷中疲软复苏,作为全球最大的发展中经济体的中国经济,也不得不面临高速增长与诸多诟病相伴而行的挑战。其实,长期以来,规模和速度一直都是工业发展的重要衡量指标,这不仅导致了普遍性的重视产值和增速,也导致了资源浪费、环境损害、竞争力弱等深层次问题,特别在经济跨入新常态的背景下,欧美国家工业回流和发展中经济体的追赶,加之生产要素成本上涨、人口红利渐失、资源环境承载能力到了极限等不利因素,中国工业发展的传统动力减弱,与生产性服务的不协调问题也更加凸显。在此背景下,如何有效地落实中国工业内涵发展具有较强的现实意义。

自罗斯托(1960)以及钱纳里、库兹涅茨(1986)等侧重支出结构提出的经济发展阶段论、富克斯(1968)等系统论述服务经济理论、贝尔(1974)等论断"后工业化"社会理论以及其后的新工业化理论以来,"服务—增长"之间的关系成为国外的众多关注,且很自然地把服务与产业发展之间的关系纳入研究视角延伸中,并指出,随着经济形态的变迁,社会经济将呈现出"软化"(即服务化)现象,服务业将赶超工业成为重要的经济支点。这些研究对工业化后社会经济从制造经济向以服务业占主导地位的经济阶段发展进行了综合的考量,特别是 Bowersox(1974)、Avner 和 John(1987)、Aakerman(1996)将物流系统、物流结构放置于产业链视角与产业发展进行了结合,担忧服务经济的结构是否会随着其削弱制造业比重而带来竞争能力甚至是经济福利的丧失。

其实,中国经济形态正经历从工业经济向服务经济不断推进的长期进程中,与工业关联度不断增大的生产性服务业对工业内涵式发展的支撑作用也逐步受到关注。物流业作为生产性服务的重要组成部分,其贯穿于整个工业生产过程,解决它的市场结构与工业内涵式发展相悖的状况将成为重要的关键点和着力点。改革开放以来,伴随着中国物流业由国家相关部委单一管控垄断的交通运输体系转变为"四足鼎立"的物流企业形式相互竞争的服务体系。但不容忽视的是,作为经济新常态下的世界第二大经济体,渐进式的中国经济体制形成了独特的物流业市场结构,传统国有企业转型的物流企业一直占据主导地位,其他形式的物流企业还有待于进一步发展。正如倪超军和李俊凤(2016)所指出的,物流业作为其他产业的供给方,其供给结构、供给质量、供给效率都还存在许多问题,应调整和改善其作为供给方的市场结构。

那么,在这样的各种情形交错换挡背景下,物流业市场结构对中国工业发展的影响如何呢?当前,既有的国内学者大量文献主要聚焦于生产性服务业(物流业、物流服务业)与制造业的互动、融合,如刘重、马培英(2006),吴学花(2007),孔德洋、徐希燕(2008),高静、曹休宁(2009),魏江、周丹(2010),高觉民、李晓慧(2011),姚星、杨锦地、袁东(2012),杨仁发(2013),盛丰(2014)等,而相对较少注重深入研究物流业市场结构对相关联产业发展影响。实际上,除了对整体经济进步产生影响外,物流业通过工业化在一定程度对第二产业产生波及效应,进而对第二产业结构变动产生了重要的影响。

作为经济新常态下的全球最大发展中国家,中国在服务业发展严重滞后的经济体系下取得了奇迹般的工业规模增长,但更需通过推进改革创新迈上注重内涵发展的道路,从投资驱动到创新驱动、从生产型制造到服务型制造、从规模速度到质量效率,以构建更强大的工业生产力和更发达的工业经济体系与其他产业的发展彼此支持。本书依循从问题导向到目标导向的研究步骤,在服务—增长和产业组织等相关理论的支撑下,综合考量了工业发展质量的内涵[①],并梳理和总结物流业市场结构,从增长动力、生产方式、发展模式三个方面探寻工业发展的事

---

① 工信部赛迪智库工业经济研究所"工业发展质量"课题组指出,工业发展质量是指一定时期内一个国家或地区工业发展的优劣状态,综合反映了速度、结构、效益、创新、资源、环境及信息化等方面的关系的协调程度。其内涵主要体现在:速度和效益有机统一、结构持续调整和优化、技术创新能力不断提高、资源节约和环境友好、两化融合不断深化、人力资源结构优化和待遇提升六个方面。

实、特征基础上，做了物流业市场结构对中国工业发展影响的理论分析，并据此描绘了其作用路径。同时，综合多种方法系统地实证检验了理论分析，研究具有较强的理论意义和现实价值。

二、基本概念的界定

（一）物流及物流业

中国物流术语标准给出的物流定义：物流是物品从供应地向接收地的实体流动过程中，根据实际需要，将运输、储存、采购、装卸搬运、包装、流通加工、配送、信息处理等功能有机结合起来实现用户要求的过程。其本质是从内在的物资的简单仓储运输——系统协同，到外在的管理体制保障，直至形成走向未来的服务集成体系。

毋庸置疑，物流业是国民经济的重要派生产业和新的经济可持续点之一。然而，遗憾的是，海内外权威至今对物流业都缺乏公认和科学的界定。2011年，我国在《国民经济行业分类》（GB/T4754—2011）中明确地给出了行业定义："一个行业（或产业）是指从事相同性质的经济活动的所有单位的集合。"综合考虑以上所涉及的诸多有关事项的说明等，本书认为物流业是从事物流服务活动的企业的集合，是一个"复合产业"，划入第三产业范围。但是，由于中国目前并没有对物流业有明确的界定，也没有进行独立的且公认的物流业发展水平的统计，考虑到数据可获取性以及物流业的主要构成，本书将涉及生产各环节的物流服务链界定为物流业。

（二）物流业市场结构

市场结构是产业组织理论研究的重要内容之一，它通过完全竞争、垄断竞争、寡头垄断和完全垄断四种竞争形态加以表现。本书界定物流业市场结构为物流市场上企业间在数目、市场规模、市场份额等方面的关系，以及由这些关系而决定的竞争形态。

当前我国物流业市场结构涉及三个方面：一是通过整合企业数量及规模，加快优化结构，提升水平；二是强化政府引导下的企业市场合理竞争；三是创新协同，特别是节能减排、绿色环保发展。因为物流业市场结构与工业发展密切关联,需要我国的物流业市场结构在今后要适应工业化发展的新态势,物流业市场结构通过工业化、市场化、国际化,分别促进结构优化、合理竞争和服务水平提高、高效协同整合资源,促进一体化运作,缓解资源环境约束。它不仅涉及微观层面的企业制度设计,而且也与工业社会的宏观经济政策密切相关,是产业经济学的一个实用经济问题。

(三) 工业发展

本书将工业发展定义为以工业增长为本源,以技术创新和工业减排为增长质量的工业进化过程,其既是一个产业升级和发展的过程,也是一个与之相关的各行各业在生产经营方式方面向标准化、规范化、规模化、社会化、专业化协同发展的动态推进转变过程。

工业发展是工业化的显著特征之一,传统工业化理论大多侧重于农业和工业,以及工业内部结构变化,由此,工业化实际被等同于工业发展,然而,其忽略了现代经济发展受科学技术影响、经济中科学技术含量增加和资源环境影响的现实。现代科学技术和资源环境条件下的工业化已经不完全是简单的工业部门发展的概念。实际上,在工业化的过程中,工业发展从来都不是孤立进行的,而总是与其他产业发展相辅相成、与多种因素或强或弱关联的。从发展的角度来看,工业发展的核心内涵包括增长动力、生产方式和发展模式三个方面的发展过程。其中,增长动力是从工业内部结构来看,传统工业增速下降,新兴工业快速增长;生产方式是从劳动力成本来看,工业发展逐步从劳动密集型向技术密集型转变;发展模式则是从经济发展形态来看,工业从粗放型发展模式向资源环境友好型转变。由此可以,工业发展是工业发展动力发生改变的过程,而这种动力的改变具体体现在速度与效益的统一、技术创新能力的不断提高和资源与环境友好这三个方面,即工业产业增长、技术创新和工业减排。因此,工业发展是一个理论且实践、历史且现实的概念。

在国民经济中,最重要的物质生产环节之一是工业,其是社会分工推进的结果。从"产业发展"延伸出了"工业发展"的概念。当前,产业发展是产业在质和量两方面的进化过程的观点成为现有研究的基本共识。杨公仆和夏大慰(2002)认为,产出增长、结构变迁和福利改善是产业发展的基本要素。王业斌(2013)也指出,产业发展的核心是产业增长和增长的质量。1980~2015年,作为GDP重要构成部分的中国工业增加值,占GDP的比重基本稳定在40%上下。

国际经验显示：工业发展是累积与变迁相伴的过程，即工业总量与地位累积的变迁与持续的工业结构转型升级伴牵。本质上，工业结构转换升级是一种质变的过程，其体现生产要素在部门间由低到高的转移流动，这将助推整体经济福利水平的提升。提升工业化水平的内涵之一便是工业结构转换进阶，也即，随着一个经济体工业发展环境的变革，工业结构能否适时转换进阶成为其可否成功迈上工业化新层级的必然。中国工业的巨大成就虽然不可小觑，但过多依赖于低价格要素的比较优势历历在目。随着持续推进的工业化进程，技术创新对中国工业可持续的支持越来越成为重要要件，但这一要件的薄弱能力俨然正成为最大阻滞因素之一。当然，随着工业化加速向纵深发展，环境资源约束成为中国工业发展不得不面对的严峻形势，其必须开始重视环境价值，以便让发展与环境保护相益而行。因此，在很大程度上，中国工业结构的转型升级决定了技术创新、工业减排，或者说其代表着中国工业的"增长质量"。朱立、张富春（2013）从工业竞争力角度指出，中国工业的创新能力是工业迅速崛起的基础。王业斌（2013）运用中国工业整体的专利申请数和新产品销售收入份额来丰富对衡量技术创新水平指标所做的研究发现，中国工业整体技术创新基本上随着时间变化而趋于增加；同时，工业污染物排放基本上随着时间的变化而不断下降，说明基于质量的产业发展在逐步提高。以上分析指出，工业发展不可能是简单的自身规模扩大和效益提升，中国工业的"产业发展"应该是一种有质量的内涵发展，首先考虑的是增长，因为没有增长，就没有发展，增长是本源；其次考虑的是技术，因为引领世界工业发展的先行工业化国家均具有较高的技术水平，在资金驱动增长弊端凸显的今天，技术跟进无疑成为未来方向；最后，考虑环境问题，因为资源环境约束下的生态环保问题是无法回避的，特别是工业自身属性也要求其必须考量生态因素。

三、研究思路与主要内容

本书遵循从问题导向到目标导向的分析思路，在文献述评和相关理论的支撑下，兼合考量了工业发展质量的内涵，并梳理和总结物流业市场结构，从增长动力、生产方式、发展模式三个方面探寻工业发展的事实、特征基础上，做了物流业市场结构对中国工业发展影响的理论分析，据此勾勒了其作用路径，并用相应的实证检验加以验证。最后，提出中国物流业市场结构优化、工业发展促进的相应政策建议。

本书研究思路与技术路线具体如图0-1所示。

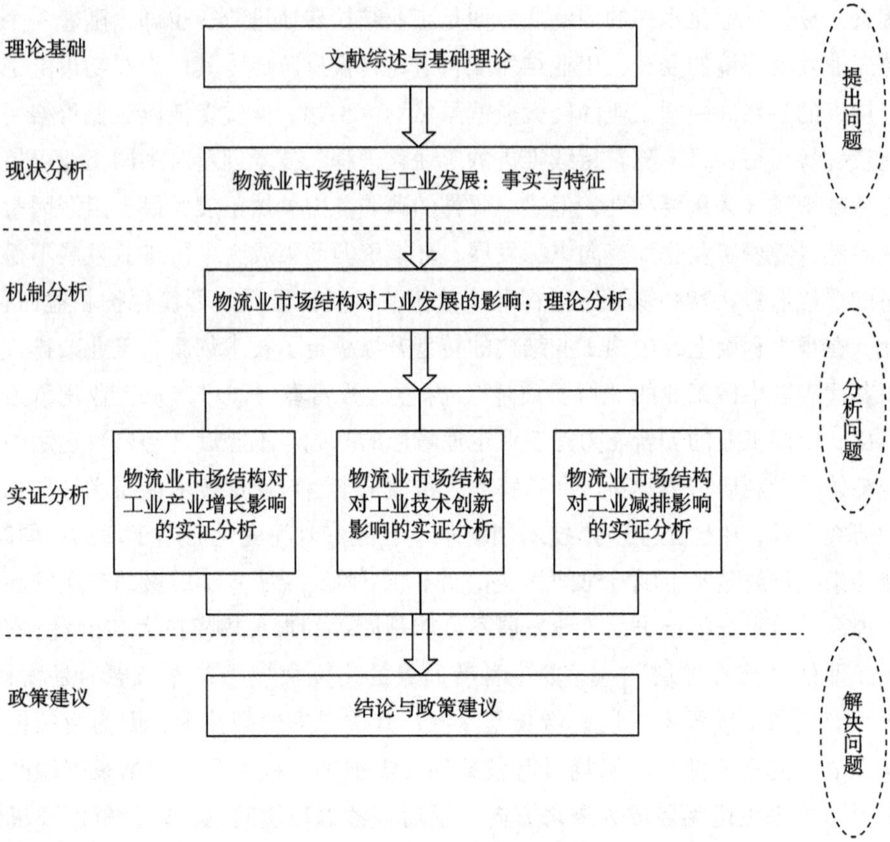

图0-1 研究思路与技术路线

本文由六大部分，共八章组成。

第一部分即导言部分，通过对主要研究背景和研究意义的阐述进行破题，并就相关概念进行正确界定，同时对本书的主要研究内容、研究方法进行合理规划，正确挖掘出创新点与不足。

第二部分即第一章理论基础部分，对国内外研究文献进行回顾和评述，并对相关理论做出梳理，以便为后文提供理论支撑作用。

第三部分即第二章现状分析部分，通过对中国物流业市场结构的演变历程以及分析其多角度的测度结果的回顾性描述,并就中国工业发展中的产业增长、技术创新、工业"三废"进行解释性分析,进而为后文的研究作出基础性的铺垫。

第四部分即第三章机制分析部分,在现状分析基础上进一步从作用机制的角度分析物流业市场结构对中国工业发展的影响,从关系、特征切入勾勒了物流业市场结构对中国工业发展影响的基本脉络。

第五部分为回归分析部分,对前文的理论分析进行实证检验,由第四章、第五章、第六章组成。其中,第四章是对工业产业增长影响的回归分析,应用整体和分区域的数据,考察了物流业市场结构对中国工业产业增长的影响;第五章是对工业技术创新影响的回归分析,通过采用不同的技术创新表征指标,实证比较了物流业市场结构对工业技术创新的影响;第六章是对工业减排影响的回归分析,通过选取若干工业"三废"强度指标来衡量工业"三废"情况,检验了物流业市场结构对工业减排的影响。

第六部分即第七章,为全文的结论和政策建议部分,主要提出优化和促进方面的政策建议。这是一个总结性的部分。

四、研究方法

本文使用的主要研究方法如下:

第一,针对工业全要素生产率,创建不含空间交互的计量模型,探索物流业市场结构对工业产业增长的影响。在此基础上,考虑到区域之间的空间异质性,在计量模型中又选择列入外部物流依赖与物流业市场结构的交互项,以便更加深刻地领会落后的物流业市场结构是工业增长畸形的重要原因之一。

第二,基于固定效应模型的"物流业市场结构——工业技术创新"分析,并引入非国有化因素,在此基础上用交通基础设施做稳健性检验,深入分析了物流业市场结构对工业技术创新的影响。

第三,将工业污染物排放强度分解为强度效应和结构效应,呈现在固定效应模型中,在此基础上用物流业规模做稳健性检验,深层分析了物流业市场结构对工业减排的影响。

五、创新点与不足之处

（一）创新

本书主要的创新点如下：

第一，研究视角具有新意。本书是以工业发展质量深刻内涵为支点的新的研究视角，把物流业和工业发展作为研究对象，具体将物流业市场结构对工业增长动力、生产方式、发展模式的嵌入纳入工业发展的讨论框架内，其关键点和着力点在于思考当前物流业市场结构与工业发展相悖的状况，并为把握物流业与工业发展二者关系、提升物流业内生发展和推进工业内涵式发展提供了产业关联的借鉴。已有的研究只关注了物流业与经济增长或工业的关系，并没有研究者在同时考量工业发展，尤其是在工业内涵式发展的情形下，将物流业市场结构作为一个核心解释变量纳入对工业发展影响的分析框架内。

第二，研究模型及指标设计上具有独特性。本书构建了以工业化程度和城市化水平为地区特征的工业产业增长的实证模型，用于反映不同行业企业在地区集聚所形成的外部性；同时，构建了引入环境规制强度的工业减排的实证模型，用于反映环境规制对产业动态变化的影响。另外，对各实证模型中的指标进行了合理的设计：引入各省份每平方公里的公路里程数，以揭示不同区域产业的外部物流依赖程度，这是为了克服单纯地使用物流规模变量所可能产生的偏误；分别运用专利申请数和新产品销售收入份额来表征工业技术创新，这是为了克服单一使用其中任意一个来表征工业技术创新所可能产生的结果不可靠。

第三，研究内容及政策建议具有新意。本书对相关领域的研究成果做出了较为细致的梳理和总结，在文献总结的基础上确定了研究内容，尤其在对工业减排进行研究时，首次引入物流业市场结构，聚焦物流业市场结构影响下的工业污染物排放研究，与既往的文献相比，本书首次分析了物流业市场结构对工业减排的影响。另外，结合《中国制造2025》纲要和工业可持续发展总体目标，为解决物流业自身发展和产业融合弱的问题，提出了有关促进物流业内生发展和增强产业关联的政策建议，具有前瞻性和较强的可行性。

（二）不足

本书的不足：

第一，对物流业市场结构与中国工业关系的特征描述着眼于供需结构的静态、微观维度，而物流业市场结构与工业关系的特征绝非静态、微观维度所能充分概括的，难免使本书所表达的这种关系在含义上有些狭隘，不能完全表达不同工业发展阶段所需的最优物流业市场结构是怎样的，因此，关系推演的严谨性有待于进一步提高，且现阶段在现有资源配置约束条件下，最优物流业市场结构的找寻也是本书未来有待继续深入研究的地方。

第二，由于在考察期内，物流业市场结构波动性极小、产业间关联较弱以及可能存在的内生性等原因而导致的实证结果不显著问题，有待于对物流业进行长期考察，并就产业间的关联作用及本质性原因进行更具针对性、更深层次的分析。

第一章
文献综述与基础理论

第一节 文献综述

一、国外文献综述

(一) 物流业市场结构与工业全要素生产率

De Hayes 和 Taylor (1974) 研究指出，物流系统在为用户提供最终产品的时效和渠道效率方面是非常重要的。Drucker 在 1962 年的《财富》上提出了物流是降低成本的最后领域。随后，Bowersox (1974) 补充指出，物流作为一个具有功能性的系统能有效地满足公司内部和整个产业链上下游低成本、快速可靠的商流和信息流的需求。另外，大多数研究者发现，基于物流功能外包的物流业市场结构能潜在地提升用户的满意度，其提升路径是有效的物流形式——用户的成本效益——提升用户的核心竞争力 (Fawcett and Fawcett, 1995)。Avner 和 John (1987) 认为，物流业市场结构对工业的影响是外源性的，也将影响产业结构的平衡形式。要达到这样一个结果的话，就需要物流提供商和其他产业形成匹配的伙伴关系。然而，Ackerman (1996) 指出，物流业规模和普及率的增长与其他产业的不匹配充分证明了长期伙伴关系的不稳定、失败，甚至是崩溃。因此，建立产业链上下游长期的伙伴关系才是物流业和工业发展的双赢结果。Damien、Moosa 和 Vikram (2006) 通过客户调查的视角对澳大利亚第三方物流的研究后明确地指出，物流业的竞争结构确实影响着相关产业的绩效。Sheu 等（2005）通过优化物流网络（包括对物流业市场结构的优化）的研究将绩效具化成利润发现，优化后的物流网络能有效地提升供应链各节点的利润超过 20%。例如，美国依托信息通信与高新技术的恰当融入，率先通过高度物流信息化以及集成化的高流通率，不断实现增加企业投资收益和企业利润水平。

（二）物流业市场结构与工业企业技术创新

虽然已有文献对物流业市场结构与工业企业技术创新之间的研究结论存在一定差异，但仍然可以肯定的是，最易于引导企业及相关产业的技术创新活动是，存在一些大型企业的市场集中度、适当的垄断市场结构。

Avener Shaked 和 John Sutton（1987）指出，在有竞争力的价格机制下，集中的市场结构必须要获得技术支持才能够实现，且可以通过非合作均衡实现动态性的市场结构集中。Comanor（1967）强调了产品差别化与集中度的互动对研发支出具有一定影响，这是一项颇为复杂的研究；同时，越来越多的研究认同产业的具体特点会影响市场结构和创新的关系。Macpherson（1997）调研了纽约制造业后发现，以物流业为主的生产性服务业在很大程度上影响了制造业的技术创新。

（三）物流业市场结构与工业企业降耗减排

国外很多学者的研究表明，产业结构调整和产业结构升级是降低碳排放的主要原因，也是可行选择，如 Talukdar（2001）、Stefanski（2009）等。Simpson 等（2007）认为，具有某种供应链关系的供应商对于客户的环境需求是有责任的。Balan、Robert、Mark、Stephan 和 Sushmera（2010）通过使用长期的拉格朗日和欧拉运输方程模型进行了分析研究认为，在供应链的各个环节都能够受到碳排放的影响，在某些情况下甚至构成重大威胁。M. Soysal、J. M. Bloemhof – Ruwaard、J. G. A. J. van der Vorst（2014）对易腐产品加工业（以国际牛肉供应链为例）进行了研究指出，应在考虑碳排放的情况下选择基于物流业市场结构所形成的物流网络。因此，一些学者通过基于绿色供应链的研究发现，采用绿色供应链不仅能减少浪费、降低污染、节约能源，而且能保护自认资源和减少碳排放（Bloemhof – Ruwaard et al., 1995；Parry et al., 2007），且通过设计合理的物流供应链网络和执行手段能减少各节点上的碳排放（Balan, Robert, Mark, Stephan and Sushmera, 2010）。

综上所述，国外的相关研究明确地指出，物流业市场结构对工业的影响是外源性的，对产业结构调整、技术创新和工业企业降耗减排具有重要的影响。因此需要建立产业链上下游长期的伙伴关系才是物流业与工业发展的双赢结果。

二、国内文献综述

有关物流业市场结构对工业发展的影响散见于相关的文献中且颇具争议。目前，更多的文献偏重于物流业和以代表工业的制造业的关系、融合方面的研究，已有文献的共识是，物流业与制造业之间互动关系、融合发展的事实不容置疑，固然仍保有明显的不协调。李江帆、毕斗斗（2004）认为，自20世纪90年代开始的重要的生产性服务业是物流业，其充分发挥了制造领域推进器的作用。刘世妍（2000）支持上述观点，并运用投入—产出法分析了三次产业间的关联程度，明确了服务业是非边缘或奢侈且位于核心地带的经济活动，它是促进其他部门增长的过程产业，便于所有经济交易攸关产业。这深刻说明作为各个产业的中间环节，通过波及效应，物流业不断促进第一、第二产业的发展。目前很多文献都与刘世彦的研究想法相同，认为我国产业结构调整的方向是提高第三产业的比例。李士梅（2004）指出，从问题的视角细化来看，制约制造业发展的相关产业"瓶颈"在于物流业发展水平的滞后。但李钢、廖建辉和向奕霓（2011）提出了质疑的观点，他们通过对发达国家三次产业效率、三次产业供给与需要、国际贸易等方面的研究后指出，即便第三产业比重在发达国家稳定增长，但并非能指明第三产业升级的方向。因此，这从某种程度上说明了，与发达国家不同，虽然在我国产业结构调整和优化升级的过程中，"第二产业的发展对我国整体产业的成长具有重要的作用"（余典范、干春晖、郑若谷，2011），且服务业仍对工业发展有较大的供给潜力，但全国需因地制宜地去发展物流业。在此基础上，沈家文（2012）以产业结构高度化视角，重新思索我国产业结构调整路径时提出，生产性服务业①直接或间接地为国民经济各产业生产环节供给中间服务，其发展规模、速度和质量对所提供服务的产业发展水平以及整个产业结构的调整具有直接影响，同时，结果分析显示，第二产业结构变动的原因来自生产性服务业的发展。所以，沈家文最后指出，两业之间的结构是否匹配，将是生产性服务业影响

---

① 物流业是与金融业、信息业并称为全球三大生产性服务业。

制造业发展水平的关键因素。

尽管国内外文献提出了一个既成事实：物流业与产业发展是相互支撑、协调发展的关系，且也注意到两业的协调在于总量和内部产业结构的双协调。但不足的是，没有区分不同的产业及所处的不同发展阶段对物流业市场结构的不同要求，尤其是对物流业市场结构如何影响工业发展则鲜有涉及。有关物流业市场结构对工业发展影响的相关文献大体可以分为以下三类：

(一) 物流业市场结构与工业全要素生产率

彭绍仲（2006）通过研究全球商品链发现，对商品链核心企业而言，让组织规模高度化，就可以影响市场结构，进而改变产业结构。在此基础上，刘明宇、芮明杰等（2010）认为，价值链上服务的专业化经济和结构性嵌入的实现能够有效促进制造业的运营效率、资源配置效率的提高。汪斌、金星（2007）、冯泰文（2009）和梁红艳、王健（2013）也都分别进行了实证研究，进一步阐明了物流业的发展确实存在对制造业效率提升的作用，即物流业通过价值链嵌入工业企业，在保证生产经营活动连续性和协调性的基础上发挥规模经济效应和专业化优势，从而提高企业生产效率。特别地，触发制造业效率提升的关键中介变量是物流业与之产生的交易成本。依据起源于生物学的共生理论，彭本红和冯良清（2010）指出，制造业物流的发展程度不仅改变了企业盈利方式、提高了制造业企业核心竞争能力，也是直接影响制造企业可持续成长的关键，其具体情形之一是"加入现代物流业能提高先进制造业的产量规模，亦即现代物流业的加入会造成先进制造业产量增加"，但二者之间表现为偏利共生的发展特征①。孔婷、孙林岩、冯泰文（2010）利用层级分析回归发现，交通运输仓储与邮电通信业能够显著提升制造业效率。胡际、陈雯（2012）分析了省际面板数据后发现，生产者服务业中的物流业是对第二产业 TFP 影响最为显著的。以制造业为研究范畴，刘秉镰、林坦（2010）给出实证建议：对我国制造业生产率影响为正的因素中必然包含物流外包。邹筱、张世良（2012）也指出，物流业的快速发展确实有助于制造业更好地控制物流成本，从而提高竞争力。张长森（2014）使用浙江省湖州市

---

① 原毅军、刘浩（2009）认为，我国制造业与服务业间存在着偏利共生的发展特征：服务业尤其是生产性服务业的发展使制造企业将部分不具有竞争优势的服务环节通过外购获得，企业借此整合资源、降低成本，提升了制造企业的专业化水平和生产经营效率，但制造业服务业外包对服务业发展的溢出效应不明显。

的相关年份数据建立了灰色关联模型进行了实证研究,结果表明:就制造企业而言,可以通过提升物流各个环节的运作效率来实现其效益最优化。梁红艳(2015)通过对265个城市的数据研究指明,全要素生产率显著受到物流业集聚的正向影响。据此,合理的物流业市场结构能提高TFP(工业全要素生产率指数)。

(二)物流业市场结构与工业企业技术创新

技术创新与进步是对于工业而言最大的市场环境变迁。吴延兵(2006)指出,"不同行业所具有的特质性决定了该行业的技术研发投入水平和创新程度,不同行业所具有的产品特性也影响技术创新",中国产业自主创新能力的提高,会受益于高、中、低端不同企业层次并存和互补的市场结构。虽然,国内外文献都认为,持续不断的自主创新能力的提高有助于经济结构调整、经济增长方式转变,然而对于创新的影响因素还缺乏系统研究。李全宏(2004)通过对农产品加工业的研究指出,随着人们对农产品消费观念的改变,物流业应通过结构调整推动自身技术创新,同时实现农产品加工业技术创新水平的增强,这样,技术创新将成为涉农加工企业获得竞争优势的源泉。李江虹等(2011)指出,制造业实施技术改进、升级与物流业的成长推进不无关系。总之,适当的物流业市场结构能提高工业技术创新能力。

(三)物流业市场结构与工业企业降耗减排

学术界的众多研究共识指出,我国工业化过程中付出了很大的资源和环境代价,其严重制约了经济和产业的发展。因此,资源节约型和环境友好型是我国发展新型工业化道路的本质所在。金碚、吕铁和邓洲(2011)指出,我国工业发展过程中的传统要素禀赋的比较优势在逐渐减弱,重工业粗放发展与能源和环境约束的矛盾突出。金碚(2011)还进一步指出,资源环境条件已经是我国工业发展的一个突出约束,这表明,节能环保应该成为一个工业技术路线转换的过程,而这个过程就是要实现工业的低碳化发展。因此,庞瑞芝、李鹏和路永刚(2011)通过研究得出结论:环境管制的结果是减少污染物的排放,而其实现的过程要经过企业成本降低和持续技术创新。国内很多学者的研究结果与国外学者的观点一致:产业结构调整和产业结构升级是降低碳排放的主要原因,也是可行选择,如王少平、杨继生(2006),陈诗一(2010)以及李艳梅、张雷和程晓凌(2010)

等。然而，如何从产业关联的视角实现工业发展的降耗减排？其实，我国在工业发展的过程中，对资源的需求不断增长，而在世界范围内的资源配置产生了短缺现象和环境压力。金碚、吕铁和邓洲（2011）认为，要通过充分考虑产业链上下游关系，加强资源的综合利用并降低生产过程中的各种废物，让物流成本的降低成为实现产业集群绿色升级的有效保障。胡丽俊（2009）从微观视角指出，物流运营者应与制造业配合来消除源头上不必要的能耗，减少供应链环节上的燃油耗损，并通过"提高物流设备运行过程记忆仓库保管的能源利用率，有效降低供应链中的油耗密集度，从而实现整体物流成本的降低"。魏际刚（2013）强化了这种认识，他指出，最大限度地减少物流活动的负面影响（包括减少污染、降低排放）是物流未来的可持续发展战略。这意味着"可持续发展"一词将可能与物流业、工业息息相关。秦金中（2014）通过进一步实证研究验证指出，我国物流业与环境变革之间存在长期、显著的均衡相关关系，物流业发展对环境所造成的影响来源于CO_2排放量的上升，而这种上升反过来也会抑制物流业的发展，这一结论说明，物流业发展所导致的碳排放量的增加间接加大了工业企业降耗减排的压力。以黄志斌（2000）为代表的学者则从产业生态系统的视角给出了一定的解决办法，即物流业与制造业若能构建协同的产业生态系统，则在走向集约型发展的同时，有助于节约社会资源，形成生态经济。从绿色物流战略视角，谢泗薪、陈亚蕊（2013）部分揭示了产业生态系统的说法。他们认为，工业发展不但催生了对物流的旺盛需求，也对物流提出了更高的需求，即要求有更为有效、更为环保、更为智能的物流服务与之配套，从而推动了绿色物流的发展。总之，适当的物流业市场结构有利于工业企业降耗减排。

三、对国内外文献的评述与启示

总体而言，物流业市场结构变迁是物流业发展与演进的一种驱动力，也是物流业发展的一种结果。国内外学者对物流业及其工业的成长进行了普遍而深层的研究，取得了较为丰富的成果。目前，我国工业位于全球生产价值链低端位置，产品附加值低，工业技术含量不高，因而整体核心竞争力依然弱，难以与发达国家进行异化竞争。因此，中国产业发展的新动力是与生产性服务业相伴而行，如物流业。但是，陈宝启和李为人（2006）研究表明，目前我国工业与物流等生产性服务业关联度不高，未来制造业对有关产业的消耗不断增加。这是否就意味着我国产业转型升级的"瓶颈"所在,即两业之间在产业链衔接上存在不足呢?黎忠诚、徐磊、段雅丽和樊锐(2009)通过对湖北省物流业与制造业协同关系的研究证明了这一点,他们看到了两业发展存在滞后和脱节。赵曼(2010)的研究更给出了这种滞后和脱节的预期,即物流业和以制造业为代表的工业这两个系统之间彼此结构匹配是两业协调最终目标,如果在缺乏系统内部结构合理的基础上要求系统最大化是不现实的。黄福华和谷汉文(2009)的研究证明,我国工业未来的发展受到制造型物流运作的低效率和高成本的严重阻滞。韦琦(2015)认为,若要改变这种局面,就需要不断推进产业结构演进、提升劳动生产率、扩展城市化水平、增强信息技术能力、强化政府引导和扶持政策,以便通过结合多种综合效应(如结构效应、总量效应、空间效应、技术效应和制度效应等)形成对物流业发展的正向影响,进而反哺工业,提高工业生产效率。在我国面临新型工业化、工业产业结构调整升级和技术创新与信息革命不断涌现的时期,能否从物流业市场结构角度寻求工业发展的质的飞跃,值得深思与讨论。

总之,大量国内外文献解答分析了物流对增长的影响,并顺延视角至物流与产业发展之间的关系。虽然也有众多学者将物流业与产业发展结合进行了研究,但这些研究鲜有涉及工业发展质量和产生外溢效应的中间需求——物流业市场结构问题,即缺乏对内在结构深层次的影响研究,更多是从产业发展的范畴仅局限于产业增长视角,来对物流业与产业关系进行研究。对中国而言,生产性服务业一直都不够发达,物流业作为重要的生产性服务业之一,其市场结构对增长具有重要意义。此外,从垄断收益的概率视角来看,如果市场集中度失衡,那么将出现一方收益大于另一方,从而导致追求超额利润的力量引发垄断高价或者垄断低价,最终降低整个社会的福利水平,因此,市场集中度要大致相同,成为物流供需双方的必然选择,即二者之间的市场结构要具有对称性。本书将关注物流业市场结构与工业发展之间的对称性关系,对这种对称性的理解既要是全国的,也要是区域的。而对工业发展的理解也从简单的规模发展转移到质量内涵发展,即不仅仅局限于其产业增长,而是在考虑了传统发展动力减弱、要素禀赋优势不在及资源环境承载能力极限等涉及内在结构的深层次问题后,延伸研究至技术创新和工业减排等其他方面。本书选取物流业来研究其市场结构对工业发展的影响,以工业发展质量的深刻内涵作为支点,将增长动力、生产方式和发展模式三个方面作为工业发展的核心内容,这些核心内容则通过工业产业增长、技术创新和工业减排三个方面的指标来体现。虽然不是直接分析物流业对经济增长的影响,但它是一种延伸与细化的研究,也是本书与前期研究的根本区别所在,该研究将与这些研究起到相互补充、相互完善的作用。

第二节 基础理论

自物流业被列为三大生产性服务业之一以来,不少国内外学者普遍关注了物流业与经济增长、产业增长的关系,这些研究虽与本书的研究不具直接联系,但有明显的间接相关,本书所讨论的主题就是从过往的研究展开,并拓展为理论基础。因此,采纳并梳理成熟的相关理论是非常有必要的。

一、物流—增长相关理论

(一)物流业与经济增长

物流业是国家经济的重要构成部分,一定程度上,它的发展程度表明国家经济的发展状况。目前,发达国家对物流业发展与经济增长关系的研究较多,甚至学术机构或物流企业也进行了长期跟踪调查。世界发达地区的经验表明,物流业与经济增长存在着相互促进的关系,既往的研究就二者之间的关系存在推和拉两种观点,即物流推动型和经济拉动型。

20世纪90年代,物流业在美国被广泛关注是始于罗伯特·达勒内的物流年度分析报告。该分析报告显示了运输市场发展规模、影响经济的程度,就此确立了其唯一的、持续性报告地位。Jack R. M. Eredith (1998) 研究发现,区域经济竞争力和优化投资环境都要求物流产业有健全的城市交通基础设施。随着经济集聚和发展,Kenneth Button (1998) 指出,扮演举足轻重角色的将会是城市基础设施建设和完善。通过研究中国经济增长和基础设施建设的关系,Demurger S. (2001) 指出,显著影响各个省间的增长差距的会是地理位置与基础设施水平。James 和 Chris (2003) 针对亚洲、欧洲的物流运输环境,设计了国家间物流体系的系列对比指标,并使用统计方法将这些地区的物流系统分为三个层级。

从物流推动型的视角来看,物流业是经济发展的重要推动力,即物流业的发展有促进投资增长、扩大需求、加速创新和产业升级等作用；反之，如果物流业的发展与经济发展异步，那么经济增长将可能因受其累而放缓。20世纪70年代，随着我国"物流"这一概念的引进，物流业步入启蒙阶段，先后经历了起步阶段、快速发展阶段，到目前已步入"趋规范化"的发展转型阶段。众多学者也在此期间开始研究物流业与经济增长的相关问题。王泰之（1981）指出，物流业是驱动我国现代化发展的第三利润源。李学工（2003）认为，物流业的高关联度，使其成为对国民经济发展支持的核心因素。田岗和李楠（2009）通过研究全要素生产率变动，证明了物流业对经济增长的重要性。吴勇、冯耕中和王能民（2013）从物流信息平台的商贸模式运作效率视角，也支持物流能显著促进国家经济增长。在此期间，很多学者也都开始关注物流对经济增长效应的实证研究，如周君（2006），赵立波（2012），陈治国、李红和李成友（2014），所有的这些研究基本都得出了相同的结论，即物流业与经济增长之间确实存在着持续的、正向影响的协整关系。伴随国民经济的平稳运行以及经济结构的改善，物流业市场结构也需要发生变化，从而在未来成为中国经济进一步增长的强力引擎，也是当前转方式、调结构的有力突破口，如程永伟和龚英（2014）通过建立基于投入—产出法的物流业与国民经济产业的供需联动模型，为物流业与国民经济产业联动政策的制定与完善提供了一定的依据。诚然，越来越多的学者也通过对物流与地区经济、行业经济内在联系的研究，来证实其对经济增长的作用。如沈飞飞和徐健（2009）就使用基础数据分析后指出，中部物流业对经济增长有显著的促进作用，但目前物流供给不足；李欣婷、胡永进和李秋淮（2012）也使用投入产出的方法研究了安徽物流业的现状、发展阶段、运行特征以及市场需求的变化。当然，彭本红（2009）从更远的视角给出了物流业与先进制造业的演化路径，即从制度体系到产业集群再到产业生态系统。

从拉动型视角来看，国民经济的规模所决定的物流需求总量，必然在一定阶段产生物流业。物流需求受大幅增长的经济所带动，同时也需要相应的物流供给，由此即推动了物流业的发展；同时，经济发展引起物品大量转移，进而物流量相应提高，而随着社会经济水平提高，物流需求层次也随之涨幅，这就从需求量和需求层次两维度实现了物流业的发展。彭昀（2009）认为，经济全球化和区域经济一体化使资金流、物流、信息流进行重新组合与配置，从而促进物流业的发展，这是经济拉动型的最好反映。刘雪妮、宁宣熙（2007）通过对长三角地区实证分析表明，该地区经济增长在相当程度上促进了其物流业的成长壮大。甘信华（2012）认为，由于动态增长的第二产业促使了物流需求大幅增加，所以第二产业增长是物流业发展的前提。因此，普荣和白海霞（2016）指出，经济发展的差异性会使物流的发展也呈现出不同的发展特征和发展水平。

(二) 物流业与分工、专业化

杨格定理指出：市场规模与分工深化是一种循环累积、互为因果的运行过程，这是因为市场规模扩大导致分工深化，又会反过来拓展其市场规模。亚当·斯密也曾指出，分工不仅能够促使劳动日益熟练、提高劳动技巧，增强判断力，也可以最大限度地增进劳动生产力。古典经济学的分工理论认为，生产服务外部化是源于分工深化、专业化水平提升所致。显然，社会分工的成果之一是促进了物流业的发展，企业内部负有物流服务的职能部门逐步分离出来，由独立的市场主体运作。Markusen（1989）对生产服务增长的内在机理进行研究认为，不断扩大的市场范围是服务差异化产生的前提。Francois（1990）进一步研究指出，更为清楚的生产步骤取代生产行为是由市场的扩张、企业和生产规模不断扩大所带来的，同时生产专业化程度间接劳动对于直接劳动的成果不断提高与分工深化相伴而行。Stanback（1981）认为，市场的扩大可以提高大企业的服务专业化。从经济形态变迁的过程来看，世界经济向服务型经济的转移构成了一次新的产业革命，即服务业分工全面深化，基于新的专业化、精细化的产业序列，大量生产性服务业从传统制造业中派生而成长起来。生产服务进入迂回生产过程的深度和广度不断提高的情形也呈现出来，同时分工与专业化趋势的信号向企业外部发出，这样物流业作为可探索的新的市场得以成长。当然，分工机制的作用发生在整个经济体系之中。就物流业而言，其也可能是第三产业内部分工的深化导致服务生产链条被细分而产生的生产环节。同时，产业边界融合，不断分工与深化促使形成专业分工体系。物流业随着分工和专业化独立出来，在推动自身产业的发展的同时也称为推动经济增长的根本所在。

二、物流业市场结构相关理论

(一) 市场结构理论

阐明物流业市场结构是本书研究的首要基础。市场结构的有关理论，即产业组织理论主要是对某一特定市场的市场结构、市场行为与市场绩效之间的联系进行研究，为了避免仅对自身研究可能产生的偏颇，本书将物流业市场结构扩展到其对相关产业发展的影响。

哈佛学派、芝加哥学派和新产业组织理论是产业组织理论在演变过程中先后出现的三个主要学派。

哈佛学派的系统化态度是 SCP 分析框架。该框架是一个系统逻辑与具化分析并存的结构，涉及从结构到行为再到绩效的三部曲。其中，市场结构包括需求经济中的供给方数量、供给经济中的产品差异化程度、产业链经济中的成本结构及纵向一体化程度等，市场行为包括营销行为、产能改变、纵向整合和内部效率，如研究与开发、产量、价格、广告、投资等，市场绩效则包括了价值创造、科技发展和雇佣三个方面的内容；它们之间存在一种单向的因果联系。因侧重于市场结构在三个指标中的主导地位研究，所以哈佛学派又叫结构主义学派。SCP 分析框架开始被应用在产业内（Intra – industrial）分析，之后在产业间（Inter – industrial）的分析也得到了广泛的应用，并对与上述相关丰富"事实"进行了深入挖掘，这为初期的产业组织理论研究给予了一定贡献。基于此对市场关系各方的测量范式，研究了产业组织的理论分析框架，指明了理论基础和研究路径，使该产业组织理论得以沿着一条大致规范的途径推进。

斯蒂格勒、德姆塞茨等由于秉持自由主义经济思想、崇奉自由市场经济中竞争机制的运用，让他们成为了芝加哥学派的代表。基于价格理论的基本假设，他们着眼于市场上的企业自身竞争效率，着重于效率的决定性，竞争性均衡模型为其核心思想范式。该学派认为，从长远的竞争效率考虑市场能够达到效率状态，所以不赞成政府对市场的干预。他们认为，产业的集中率同产业周期、市场范围有关。但是，芝加哥学派认为，高利润率仅由高集中率导致，没有考虑产业发展历史进程中的长期均衡。从规模经济的角度来看，他们认为，最好的规模是持续存在的规模，所以最佳规模会呈现不同的规模状态。

新的产业组织理论是受到交易成本理论的影响，以博弈论为基础重点分析企业策略性行为，通过对不完全竞争市场上企业行为特征的解析揭示其效率。他们认为，交易活动呈现复杂和不确定性因素是交易者的行为属性所导致的，进而影响交易费用的高低，由此又影响了企业规模的大小，进而决定市场结构。不难看出，经济环节参与者的行为属性是市场结构产生和改变的致因。

(二) 物流业市场结构的测度方法

物流企业作为市场主体的角色,其数目、市场份额、发展规模等的彼此关系及竞争状况构成了物流业市场结构,即行业内物流企业的分布状态及竞争水平的变化通过物流业市场结构的变化来反映。物流业市场结构的衡量方法有结构法和非结构法,前者是研究中应用最多的,其涵盖市场份额、集中度、赫芬达尔指数、洛伦兹曲线与基尼系数等衡量指标。

1. 市场份额

市场份额是指行业中某企业规模占行业总规模的比重,其反映了企业在行业中的角色和市场影响力。从数量的角度来看,一般使用企业销售占总体市场销售的比重来表示;而从质量的角度来看,则用企业销售占竞争中销售的比重来表示。目前,因为提高质量所带来的市场份额收益不确定,所以更多研究关注的是市场份额多寡,即其在数量方面的特性。对于现有的物流研究,某类竞争形态下的市场份额普遍采用资产、成本费用、年营业额或增加值占全部物流业的总资产、总成本、总营业额或总增加值的比重来表示,越强的物流市场支配力产生越大市场份额。因此,通过对以上份额指标的分析,整个物流业的竞争状况和主要物流企业的市场地位可以一目了然。一般而言,行业中物流企业数目越少,个体物流企业所占物流业的比重就越大,越偏垄断性;反之,则越偏竞争性。

2. 集中度

集中度是指市场上规模处于前几位企业所占的市场份额总和,从结构相对数来看,就是总体某部分数值与总体全部数据之比。就物流业而言,即规模最大的若干物流企业的市场份额之和。集中度的计算公式如下:

$$CR_n = \sum_{i=1}^{n} X_i / \sum_{i=1}^{N} X_i \tag{1-1}$$

式中,前 n 个行业中规模最大的企业的市场集中度用 CR_n 来表示(一般情况下,频率使用最高的为 CR_4,但 n 也可以取值为 8,意味着行业中规模最大的前 4 家企业所占的市场份额),企业总数为 N,X_i 所反映的是市场中第 i 个企业的规模。就物流业,X 可以是增加值等以上提及的衡量指标。CR_n 越趋于 0,表示占有的市场越小;而 CR_n 越接近 1,表明其市场集中度越偏高,有偏高的行业垄断。

当然，集中度的缺点在于仅反映局部，即其只表明某一行业里规模最大的前几位企业市场份额。然而，因为指标易测定、反映市场垄断与竞争情况清晰的显著优点，集中度目前被普遍采纳。基于对市场结构的集中度，贝恩（Bain）将其分为以下六个层次，如表1-1所示。

表1-1 Bain定义的市场结构衡量标准

市场类型	评价标准
极端高度集中的市场	$CR_4 \geqslant 75\%$；$CR_8 = 85\% \sim 90\%$
高度集中的市场	$CR_4 = 65\% \sim 75\%$；$CR_8 = 85\% \sim 90\%$
中高度集中的市场	$CR_4 = 50\% \sim 65\%$；$CR_8 = 75\% \sim 85\%$
中度集中的市场	$CR_4 = 35\% \sim 50\%$；$CR_8 = 45\% \sim 75\%$
中低度集中的市场	$CR_4 = 30\% \sim 35\%$；$CR_8 = 40\% \sim 45\%$
低度集中的市场	$CR_4 = 10\% \sim 30\%$
微粒市场	$CR_4 < 10\%$

3. 赫芬达尔指数

赫芬达尔指数（HHI）又称为赫希曼—赫芬达尔指数，它是对市场结构综括性的反映指标，较好地勾画了产业内全部企业的规模布局情形。赫芬达尔指数（HHI）是产业内所有企业的市场份额的平方和，其公式如下：

$$HHI = \sum_{i=1}^{N}(X_i/X)^2 = \sum_{i=1}^{N} S_i^2 \qquad (1-2)$$

式中，HHI为赫芬达尔指数；X代表总的市场规模，X_i代表第i家企业的规模。对于物流业而言，同样可以是固定资产、增加值等；N为行业中总的企业数；S_i为第i家企业所占有的市场份额。

与绝对集中度指标CR_n一样，赫芬达尔的值（HHI）是介于0与1之间的，市场竞争越强烈，则结果值越接近于0，而指数值越接近于1，则垄断水平越高。一般情况下，低集中度市场，HHI小于0.1；适度集中度市场，HHI大于0.1且小于0.18；而高集中度市场，则HHI大于0.18。

4. 洛伦兹曲线和基尼系数

除了上述测度方法外，能反映市场结构的常用指标还有洛伦兹曲线和基尼系数。洛伦兹曲线指产业内所有企业的市场规模分布状态，用市场占有率与市场中由小到大企业的累计百分比之间的关系加以表达。图1-1即具体到物流业的洛伦兹曲线，横轴为规模从小到大的物流企业数目的累计百分比，纵轴为它们相应的市场份额累计百分比。当全部物流企业的规模在行业内越接近于完全趋同时，洛伦兹曲线与图中的45°线越走向重合，而当物流规模分布不均匀状况越明显，洛伦兹曲线越偏离45°线，偏离越大证明行业的竞争程度越低。

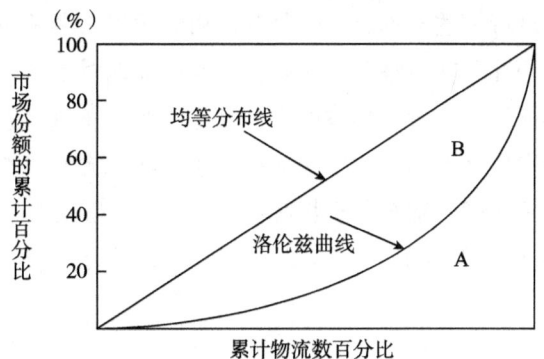

图1-1 洛伦兹曲线

基尼系数是在图1-1中的B/(A+B)，其取值在0~1，若等于0，说明全部物流规模相等，若越近于1，则表明不均匀的物流规模分布，市场集中程度越高。

总之，以上测度方法各有利弊。

第二章
物流业市场结构与工业发展：事实与特征

在深入探讨物流业市场结构对中国工业发展的影响之前，首先要对物流业市场结构和工业发展进行一些基本属性的分析，初步发现二者关系的基本面，为后续的理论分析和实证部分奠定基础。因此，本章详细地对中国物流业市场结构和工业发展的基本特征做了分析。具体而言，首先回顾了物流概念引入以来，尤其是根据中国经济的发展状况而产生了中国物流业市场结构的成长演变轨迹，并用市场份额等多个指标测度、综合分析物流业市场结构；随后，工业发展质量具化为产业增长、技术创新和工业"三废"三个方面，以此勾勒中国工业发展的现状。

第一节 中国物流业市场结构的演变历程

虽然汉朝张骞在2000年前开启了东西方陆上商贸物流之路，600年前郑和创造了让中国接轨全球海运物流之路，但从理论脉络来看，物流业市场产生于一定程度的市场经济的发展，并在高度发达的商品经济和雄厚的物质经济前提下，产生了基于供求关系的物流服务。因此，中国经济的发展状况将是物流市场发展的经济基础，由此才能准确把握其发展阶段。

一、改革开放前

1952~1978年，此阶段实行计划经济，中国对物流的概念还没有认识，物流资源的安排与配置基本上都是由国家相关部门来负责,该阶段主要是发展交通运输业。交通运输业虽然承担着部分物流职责,但由于基础设施差、交通运输能力严重不足,中国交通运输业在当时是国民经济闭关锁国下的运作模式,主要依靠企业内部组织完成从上游到下游等一系列自我服务的物流活动是相当多的工商企业主要行为,其经营模式是"大而全,小而全",且全部物流职能由当时的交通部、铁道部和邮电部共同承担完成。因此可以说,在改革开放前,中国基本上不存在按市场需求产生的物流业,当时的交通运输、邮电若被称为物流业的话,它是完全垄断的。

二、改革开放后

1978年至今,物流业经过概念的引入、具体实践后凸显出了其在经济发展中的重要地位,中国交通运输业在逐渐转变成重要物流业的同时进行了相应的改革,物流业市场结构也随之发生变化,即由国家相关部委单一管控垄断的交通运输体系转变"四足鼎立"的彼此竞争物流服务体系。当然,中国物流业变迁是与渐进式中国经济改革相伴而行的,物流业市场结构也逐步变化推进。具体而言,以下几个阶段为中国物流业市场结构成长与变迁的大致轨迹:

(一) 第一阶段

1978~1987年,物流萌芽形成与中国流通体制的重建时期。中国的"物流"概念在1978年首次从日本引入。中国开启了对物流的初步了解,并拉开了以"计划经济为主,市场调节为辅"的中国流通体制改革大幕。随着经济体制改革的不断深入,中国商品流通体制也发生了根本性的变化,过去从事物流的企业(如交通运输、邮政等)也逐步摆脱了计划体制的束缚,率先引入市场机制,提出"有河大家行船,有路大家走车",初步发育的运输市场开始了多元发展之路,形成初步竞争机制。截止到1984年年底,许多物资流通企业依据自身实际情况实现了上缴利润包干、亏损包干、"三保一挂"、"目标利润包干"等形式的责任制,较为典型的是中国邮政法律地位的正式确立①。另外,中国政府在这一时期根据国家发布的《外商投资产业指导目录》,外商独资或合资的物流企业一

---
① 1986年《中华人民共和国邮政法》颁布实施。

直被禁止在中国开办。因此，此时的物流业市场结构虽然已经开始了市场化改革，但由于经济运作过程中社会化、市场化程度低，依然只是由改革开放之前的交通部、邮电部、铁道部来共同垄断，垄断的实质并未改变。

(二) 第二阶段

1988～1997年，民营、合资物流企业出现，物流业市场探索和初步实践的时期。鉴于当时发展滞后的中国公路、水路交通，1992年、1995年交通部曾两度发布了若干意见①，并在1998年追加实施了交通部与直属企业全面脱钩政策。一系列意见的颁布实施是希望进一步解放和发展运输生产力，通过改善运输结构，加快推进交通运输的市场化。与此同时，也相继成立大量涉及交通运输的股份有限公司，如在1988年开启中国大陆高速公路史的元年。1992年12月，中远航运股份有限公司和中国长江航运（集团）公司的成立，标志着股份制交通运输开始进入中国物流业市场，加之1993年民营物流企业——申通快递和顺丰速递相继成立，由此承担物流业职能的企业间竞争态势开始形成。此后，国家进行结构性分离，将原邮电部撤销，建立了国家邮政局，隶属于信息产业部，积极推进了企业结构的调整。物流业市场化改革也在这一系列改革举措中向前不断推进。另外，1992年后，中国允许外资限制性进入，从而使国内物流业市场竞争国际化。如1995年马士基（Maersk）在中国成立了第一个物流分拨中心，开始了其全面控制中国物流分拨网络的重要一步；联合包裹服务公司（UPS）也于1996年与中国外运首次成立合资公司，并于1998年开始在中国进行业务运作。交通运输和邮政的体制改革，促进了中国国有经济的市场化发展，同时外资的限制性进入和民营物流企业的成立都意味着新的竞争力量的参与，交通运输和邮政不得不被动加入竞争，初步形成物流业的竞争格局。但是由于当时尚未全面展开国有体制改革，这个阶段承担物流职能的交通运输和邮政等依然是物流业的主导力量，寡头垄断的格局依然是当时的常态。

(三) 第三阶段

1998～2004年，随着深化企业结构调整，物流市场进入竞争萌芽时期。国

---

① 《关于深化改革、扩大开放、加快交通发展的若干意见》和《关于加快培育和发展道路运输市场的若干意见》。

家继续深化企业结构调整，1998年中国邮政进行了一项重大体制改革——邮政与电信分离，开始独立运营。为了改变主要依靠单一运输方式的交通发展状况，以综合运输体系为代表的中国较为完整的交通长远发展规划体系开始构建，如国务院在2004年批准实施的一系列规划①。在2001年，为了持续推动我国物流业的成长，国家经贸等六部委联合颁布了推进现代物流发展的《关于加快我国现代物流发展的若干意见》。与此同时，由国家发展和改革委员会联合商务部等九部委也在2004年共同出台了相关发展意见②，使物流业成为转型产业，发展成示范产业，拉动经济增长，成长为一个促进创新的主导产业。

(四) 第四阶段

2005年至今，根据WTO协议，2005年年底，外资物流企业进入全面开放的中国，进入产业提升阶段，物流市场真正进入实质的竞争时期。作为WTO的成员国后，外资物流企业以其种种先发优势加速业务整合和规模扩张，中国物流市场竞争新面貌喷涌而现。为了应对机遇与挑战，铁路局直接管理站段的结构性深化调整在2005年3月实施，直面运输市场，统一配置运力资源，促进了优化运输组织，并对运输生产力布局进行了大规模调整，为提高运输效率和效益进行了成功改革，这从根本上摆脱了长期以来在我国铁路运力资源方面存在的分散状态。2006年，国务院批准成立了中国邮政集团公司以持续推进"政企分开"。2008年，新成立的交通运输部开启了中国高速铁路时代，首条高速铁路通车运营。两年后，正式成立了中国邮政速递物流股份有限公司（国有股份制公司）。为进一步加速促动综合交通运输系统建设，在2013年第十二届全国人大一次会议上提出了大部制改革方案③，规划并确立了铁路、公路、水路、民航的发展由交通运输部统筹。至此，整合的现代物流服务取代了传统业务发展模式。此外，中国物流业拉开了从里程碑到全新时代的序幕，并开始走向基于顶层设计的支柱产业地位之路④。

---

① 诸如《国家高速公路网规划》《全国沿海港口布局规划》《全国内河航道与港口布局规划》等。
② 《关于促进我国现代物流业的发展的意见》。
③ 《国务院结构改革和职能转变方案》。
④ "十一五"计划清晰表明要发展现代物流业，是物流业发展的一个里程碑。2009年颁布《物流业调整和振兴规划（2009～2011年）》迎来了发展全新的时代。至2014年国务院发布《物流业发展中长期规划（2014～2020）》将物流业定位为国民经济发展的支柱型产业，进一步增加了物流业地位，这也成为物流业发展中首要的纲领性顶层设计标志。

据不完全统计，截至 2013 年年底，中国共有各类物流企业 24800 家。到 2015 年 10 月，已公示的名单中有 20 批，其中全国 5A 级物流企业为 214 家。

显然，随着中国由计划经济向有中国特色的社会主义市场经济的转型，特别是改革与"入世"后，物流业市场结构也持续发生着变化，市场竞争不断增强，初步形成了"四足鼎立"式竞争格局。

表 2-1 全国 5A 级物流企业成立时间

时间与批次	企业名称	成立时间	企业类型	备注
2005 年（第 1 批）	中国远洋物流有限公司	2002 年	传统国有企业转型的物流企业	
	中海集团物流有限公司	1998 年	传统国有企业转型的物流企业	
	中国物资储运总公司	20 世纪 60 年代初	传统国有企业转型的物流企业	
	中铁快运股份有限公司	1950 年逐渐合并重组形成	传统国有企业转型的物流企业	
	中铁现代物流科技股份有限公司	2002 年	传统国有企业转型的物流企业	
	嘉里大通物流有限公司	1985 年	外资物流企业	第一家合资国际货运代理企业
	黑龙江华宇物流集团有限公司	2001 年	新兴民营物流企业	
	远成集团有限公司	1988 年	新兴民营物流企业	
	安吉天地汽车物流有限公司	2000 年	外资物流企业	外资股份 50%
2015 年（第 20 批）	中国邮政速递物流股份有限公司	2010 年	传统国有企业转型的物流企业	
	山西汽车运输集团有限公司	2001 年	传统国有企业转型的物流企业	
	呼和浩特铁路局	1958 年	传统国有企业转型的物流企业	
	哈尔滨铁路局	1948 年	传统国有企业转型的物流企业	
	江苏苏宁物流有限公司	2012 年	新兴民营物流企业	
	玖隆钢铁物流有限公司	2011 年	新兴民营物流企业	

续表

时间与批次	企业名称	成立时间	企业类型	备注
2015年（第20批）	吴江经济技术开发区物流中心	2001年	传统国有企业转型的物流企业	
	杭州崇贤港投资有限公司	2001年	新兴民营物流企业	
	福州港务集团有限公司	2001年	传统国有企业转型的物流企业	
	南昌铁路局	1996年	传统国有企业转型的物流企业	
	山东物流集团有限公司	2013年	新兴民营物流企业	
	山东港天物流有限公司	2007年	新兴民营物流企业	
	枣庄矿业（集团）有限责任公司物流中心	2008年	传统国有企业转型的物流企业	
	广州铁路（集团）公司	1993年	传统国有企业转型的物流企业	
	珠海港物流发展有限公司	1992年	传统国有企业转型的物流企业	
	广州市嘉诚国际物流股份有限公司	2000年	新兴民营物流企业	
	广西物资集团有限公司	1996年	传统国有企业转型的物流企业	
	青藏铁路公司	2002年	传统国有企业转型的物流企业	

资料来源：中国物流与采购联合会网站。

第二节　中国物流业市场结构的测度与分析

在可检索查询到的文献中，仅有少量文献对中国物流业市场结构进行了测度,如桂寿平、游琼和杨丽敏①基于2005~2011年中国52家物流企业的面板数据,对中国物流业的市场结构进行了测度,王健、钟俊娟②也以25家在A股上市的中国物流企业在2004~2011年的数据,分析了结构与绩效关系,另有更多相关的研究者则运用SCP理论对中国物流业市场结构做出了分析,如张玊景和姜学民③、李兰冰④、龚晓丹⑤等。显然这些研究或是从企业层面来考虑中国物流业市场结构的变化,同时它们所涉及的仅仅是上市的物流企业,或是进行基于理论的定性分析。本书将从时间维度和地区维度来综合分析中国物流业市场结构,并运用市场份额、集中度和赫芬达尔指数等多个指标对中国物流业市场结构进行测度。

一、基于时间维度的分析

为了从整体上把握物流业市场结构的变动情况,分别从中国社会物流统计数据和中国物流公司排行榜的企业类型两个视角共同反映中国物流业市场份额,以起到互相补充说明的作用。

(一) 市场份额分析

近年来,伴随着改革的中国物流业规模不断壮大,市场得到快速平稳增长。在2006~2015年,全国社会物流总额从59.7万亿元增加到219.2万亿元,社会物流费用总额和物流业增加值分别从3.84万亿元、1.41万亿元增加到了10.8万亿元和3.24万亿元(如图2-1所示)。放缓的增速并没有影响整体规模呈现出扩张趋势。

经过分项占比来看,2006~2015年,工业物流总额、进口货物物流总额和农产品物流及其他总额分别增加了3.95倍、1.64倍、3.09倍(如图2-2所示),运输费、保管费和管理费分别增加了2.76倍、3.08倍、2.75倍(如图2-3所示)。

---

① 桂寿平,游琼,杨丽敏. 我国物流业市场结构、效率与绩效的关系研究 [J]. 物流技术,2014 (3):96-99.

② 王健,钟俊娟. 我国物流业市场结构与市场绩效关系的研究——基于物流上市公司数据的实证检验 [J]. 东南学术,2013 (3):99-108.

③ 张玊景,姜学民. 我国第三方物流市场结构分析 [J]. 生产力研究,2007 (16):70-71.

④ 李兰冰. 基于SCP理论的物流市场结构特征剖析 [J]. 物流技术,2008 (12):5-8.

⑤ 龚晓丹. 全面开放后的中国物流市场结构分析 [J]. 世界经济情况,2009 (1):90-96.

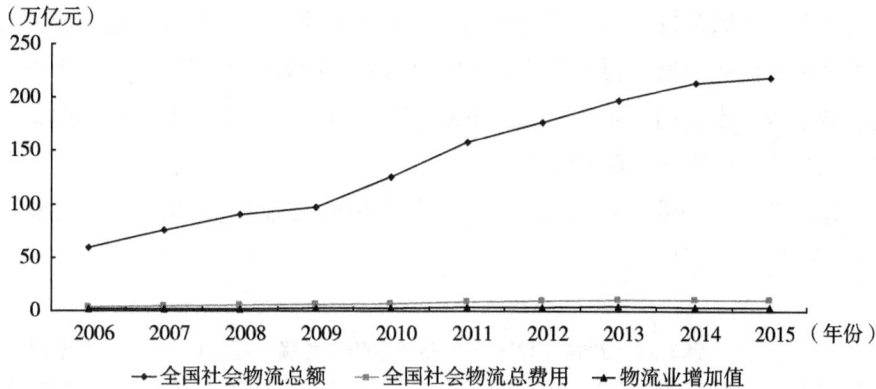

图 2-1　2006~2015 年中国社会物流总额、全国社会物流总费用和物流业增加值

数据来源：2006~2015 年全国物流运行情况通报。

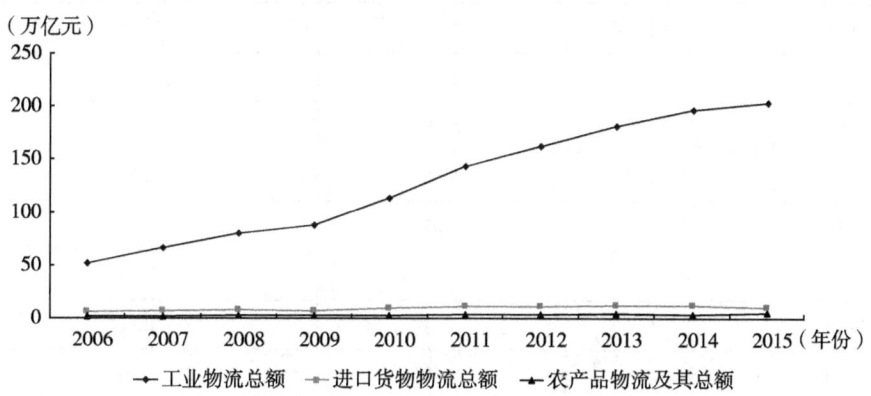

图 2-2　2006~2015 年中国社会物流总额分项占比

数据来源：2006~2015 年全国物流运行情况通报。

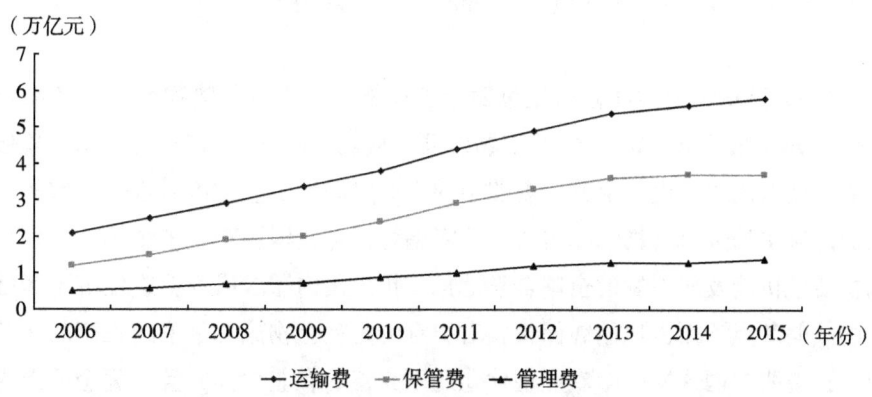

图 2-3　2006~2015 年中国社会物流总费用分项占比

数据来源：2006~2015 年全国物流运行情况通报。

通过对以上数据的分析,推动物流增长的主要动力之一来自工业物流,且虽然交通运输物流业的增速要远快于其他物流形式,但其增加值呈现明显下降,且适度放缓态势,也说明市场竞争激烈带来了市场份额的改变。也正因如此,不同类型呈现出不同的市场份额演变规律。

根据图2-1和图2-2的数据,可以算出物流业各分项的市场份额,如表2-2和表2-3所示。

表2-2　2006~2015年中国社会物流总额分项份额　　　单位:%

年份	工业物流	进口货物物流	农产品物流及其他
2006	86.73	10.62	2.65
2007	87.91	9.64	2.45
2008	88.83	8.74	2.43
2009	90.39	7.09	2.52
2010	90.19	7.50	2.31
2011	90.66	7.07	2.27
2012	91.37	6.49	2.14
2013	91.76	6.12	2.12
2014	92.22	5.62	2.16
2015	93.07	4.74	2.23

数据来源:根据2006~2015年全国物流运行情况通报数据整理而得。

表2-2显示了中国社会物流总额中工业物流、进口货物物流和农产品物流及其他的分项在2006~2015年的市场份额。从表2-2中可知,社会物流总额中的工业物流所占比重逐年上升,说明中国工业发展与工业物流需求是一致的。社会物流总额中的进口货物物流占比呈下降趋势,与我国调整经济结构,特别是由美国次贷危机爆发所引发的全球金融危机,扩大国内需求成为促成经济不断健康前行的战略基点。而占比始终保持相对稳定的是社会物流总额中的农产品物流及其他,这说明中国这样一个农业现代化还不完善的农业大国,且不健全的涉农物流服务市场都阻碍了涉农物流的快速成长。显然,从社会物流总额的数据可以看出,工业物流仍然占有绝大多数市场份额,其仍是物流的主要需求方。

表2-3给出了2006~2015年中国社会物流总费用中运输费、保管费和管理费的分项市场份额。从中可以看出，社会物流总费用中的各分项所占比重基本保持稳定的小幅波动性回落态势，这说明，中国物流成本依然很高，物流市场发展的质量和效率虽有改善，但提升速度缓慢。

表2-3 2006~2015年中国社会物流总费用分项份额　　　单位：%

年份	运输费	保管费	管理费
2006	55.26	31.58	13.16
2007	55.56	31.55	12.89
2008	52.72	34.55	12.73
2009	55.08	33.12	11.80
2010	53.52	33.80	12.68
2011	52.38	34.52	13.10
2012	52.12	35.11	12.77
2013	52.94	34.31	12.75
2014	52.83	34.91	12.26
2015	55.77	35.58	13.46

数据来源：根据2006~2015年全国物流运行情况通报数据整理而得。

另外，随着中国市场经济的不断深化发展，工业化进程不断加快推进，工业行业的结构调整以及改进升级，加速了物流需求的释放，这可以通过工业物流需求系数进一步说明，其反映了工业发展对物流的需求和依赖。

表2-4反映了工业增加值对物流的依赖性，从中可以发现，中国工业发展过程中对物流的依赖呈逐年递减的态势，这说明，虽然工业与物流业二者之间产业关联度极高，但是在产业发展过程中，中国工业与物流业发展不协调，产业部门之间发展不平衡，"重生产、轻流通"依然是主流，二者之间互动融合较弱，仍没有形成一种持续的强依赖关系，两业发展、联动机制没有建立起来；另外，说明我国工业物流发展还比较滞后，仍未与工业发展相匹配。

表 2-4　2006~2015 年每单位工业增加值的物流需求系数

单位：万亿元

	2006 年	2007 年	2008 年	2009 年	2010 年	2011 年	2012 年	2013 年	2014 年	2015 年
工业增加值	9.13	11.05	12.91	13.46	16.00	18.86	19.99	21.07	22.8	22.9
工业物流总额	51.69	66.11	79.86	87.41	113.1	143.6	162	181.5	196.9	204
工业物流需求系数	0.177	0.167	0.162	0.154	0.141	0.131	0.123	0.116	0.116	0.112

数据来源：历年《中国统计年鉴》和 2006~2015 年全国物流运行情况通报。

以上是通过中国物流运行统计数据所做的市场份额等分析，为了更清晰地说明市场份额的占比情况，下面运用部分年份中国物流企业排行榜再次进行分析，以起到佐证和补充的作用。

CCTV 的调查显示，至 2015 年 12 月，中国国内物流类型业务的企业法人单位数目大于 30 万家①。目前，数量多、规模小且主要为中小型物流企业是中国物流业的总体现状表现，同时，市场占有率主体地位依然无法撼动的是少数大型物流企业。两极分化十分明显的中国物流业市场意味着，为数不多的大型物流企业占有着物流市场的大部分比例，寡占现象突出。实际上，自 2005 年以来，中国物流与采购联合会都会进行相应的年度统计调查，并依据物流企业主营业务收入排出当年度的前 50 强，这些企业主导着中国的物流市场。表 2-5 从中国物流企业主营业务收入视角，显示了在 2005 年度和 2015 年度两个年度的前 20 强排名。

从图 2-4 可以看出，从 2005 年有相应的排名开始，除源自生产流通企业的物流企业外，其他类型物流企业的主营业务收入均呈现增长趋势，尤其是传统国有企业转型的物流企业，到 2015 年度更是表现为明显快速增长的趋稳态势，这说明，传统国有企业转型的物流企业仍然是物流市场的主导力量，其占有大部分市场份额。市场的竞争导致传统国有企业转型的物流企业主营业务收入从 2014 年度开始趋于平缓，新兴民营物流企业和外资物流企业份额有了小幅增加，而源自生产流通企业的物流企业主营业务收入呈下降趋势则可以归因于物流外包的兴起。以 2014 年 TOP 50 企业为例，传统国有企业转型的物流企业占其中 33 席，占比为 66%；新兴民营物流企业和外资物流企业均为 8 个，各占比为 16%；占

---

① 中国物流联盟网。

第二章 物流业市场结构与工业发展：事实与特征

表2-5 2005年、2015年中国物流企业20强名单

排名	2005年度 企业名称	企业类型	2004年物流业务收入（万元）	2015年度 企业名称	企业类型	2014年物流业务收入（万元）
1	中国远洋运输（集团）公司		9347026	中国远洋运输（集团）总公司		14414820
2	中国海运（集团）总公司		4230347	中铁物资集团有限公司	传统国有企业转型的物流企业	7632421
3	中国对外贸易运输（集团）总公司	传统国有企业转型的物流企业	3435213	中国海运（集团）总公司		6764517
4	中国物资储运总公司		580606	中国外运长航集团有限公司		5828320
5	五矿国际货运有限责任公司		567100	河北省物流产业集团有限公司	新兴民营物流企业	5818003
6	锦程国际物流集团股份有限公司	新兴民营物流企业	532095	开滦集团国际物流有限责任公司		4423713
7	中国国际货运航空有限公司	传统国有企业转型的物流企业	475164	厦门象屿福分有限公司	传统国有企业转型的物流企业	3537580
8	山东海丰国际航运集团有限公司	新兴民营物流企业	441993	中国石油天然气运输公司		3040718
9	嘉里大通物流有限公司	外资物流企业	353768	中国物资储运总公司		3000880
10	广东南粤物流集团股份有限公司	传统国有企业转型的物流企业	272049	顺丰速运（集团）有限公司	外资物流企业	2570000
11	中国货运航空有限公司	新兴民营物流企业	264349	河南能源化工集团国龙物流有限公司	传统国有企业转型的物流企业	2170563
12	远成集团有限公司	新兴民营物流企业	262479	福建省交通运输集团有限责任公司		1767495
13	大连港集团有限公司	传统国有企业转型的物流企业	226509	安吉汽车物流有限公司	新兴民营物流企业	1476000

· 35 ·

续表

排名	2005年度 企业名称	企业类型	2004年物流业务收入（万元）	2015年度 企业名称	企业类型	2014年物流业务收入（万元）
14	天津大田集团有限公司	新兴民营物流企业	204981	朔黄铁路发展有限责任公司	传统国有企业转型的物流企业	1430905
15	中邮物流有限责任公司	传统国有企业转型的物流企业	197000	高港港口综合物流园区		1112000
16	中铁快运股份有限公司	传统国有企业转型的物流企业	172988	嘉里物流（中国）投资有限公司	外资物流企业	982218
17	安吉天地汽车物流有限公司	新兴民营物流企业	169648	北京康捷空国际货运代理有限公司		959718
18	黑龙江省华宇物流集团有限责任公司	传统国有企业转型的物流企业	157322	重庆港务物流集团有限公司	传统国有企业转型的物流企业	932931
19	中铁特货运输有限责任公司	传统国有企业转型的物流企业	150624	中石油北京天然气管道有限公司		926038
20	青岛海尔物流有限公司	源自生产流通企业的物流企业	150491	德邦物流股份有限公司	新兴民营物流企业	863333

资料来源：根据中国物流与采购联合会网站公布的排名整理，朴充而得。注：①2009年3月，中国对外贸易运输（集团）总公司重组，中国对外贸易运输（集团）总公司更名为"中国外运长航集团有限公司"，作为重组后的母公司。②2015年12月11日，据国资委网站消息，经报国务院批准，中国远洋运输（集团）总公司与中国海运（集团）总公司实施重组，新集团名称为"中国远洋海运集团有限公司"。③"嘉里大通物流有限公司"即"嘉里物流（中国）投资有限公司"的前身。④"中国货运航空有限公司"于2010年重组成由东航转股的国有企业。⑤"中铁货运航空运输有限责任公司"2005年并入"中铁快运股份有限公司"。

比仅为2%的是源自生产流通企业的物流企业。TOP 50 物流企业在 2014 年的主营业务总收入为 0.823 亿万元，占当年物流业增加值的市场份额为 24.21%。其中，它们各自比重分别为 19.50%、2.81%、1.83% 和 0.07%。

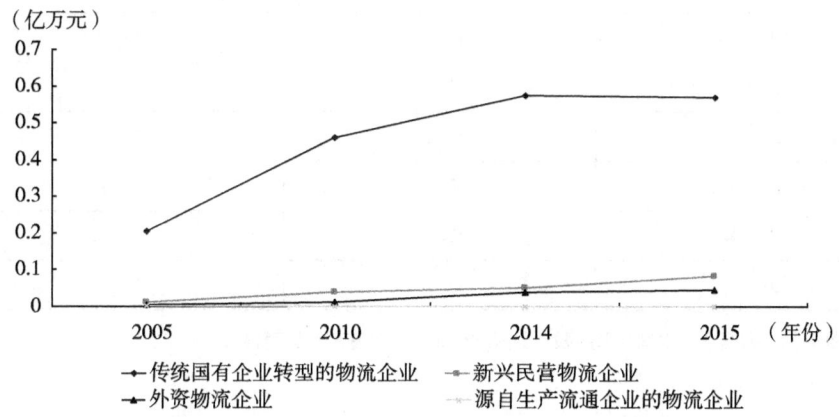

图 2-4 基于企业类型的部分年份中国物流企业 TOP 20 主营业务收入

尽管新兴民营物流企业和外资物流企业因其所占市场份额不断上升而逐步成为物流业市场中重要的竞争力量，但因所占市场份额的绝对值高，传统国有企业转型的物流企业仍然拥有极强的优势。而更多服务于中国工商企业的传统国有企业转型的物流企业，多属于交通运输物流业和邮政物流业，这正好与前面所分析的交通运输物流业增加值和工业物流总额的情况相吻合。

(二) 物流业集中度分析

随时间推进来看，2007~2015 年，中国物流业市场集中度如表 2-6 所示。已有的多数对该问题的研究多是通过 A 股上市物流企业的财务数据来进行的，而此处对中国物流业市场集中度的研究有别于以往，主要是根据 2007~2015 年中国物流企业 TOP 50 排名以及市场占有率排名来进行研究的。

表 2-6 2007~2015 年中国物流业集中度

时间	CR_4 (%)	CR_8 (%)
2007 年	14.67	16.62

续表

时间	CR_4（%）	CR_8（%）
2008 年	18.93	21.11
2009 年	15.29	17.81
2010 年	10.78	13.39
2011 年	12.04	14.90
2012 年	11.17	14.23
2013 年	7.23	10.96
2014 年	10.18	15.13
2015 年	11.14	16.09

数据来源：根据中国物流与采购联合会网站公布的排名整理计算而得。

根据 Bain 的产业结构划分，表 2-6 表明，中国物流业市场结构尚处在低度集中的市场，集中度不高且竞争激烈。依时间轴可以看出，除 2008 年外，中国物流业市场集中度的 CR_4 和 CR_8 总体呈现下降状态。特别需要指出的是，2013 年中国物流业市场结构呈现为微粒市场，CR_4 低于 10%。另外，比较《中国现代物流发展报告》以及中国仓储协会联合 Mercer 公司所做的市场调查，中国在 2002 年物流业市场集中度 $CR_4 = 0.05 < 10\%$，属于微粒市场，而到了 2015 年变成了低度集中的市场，其 $CR_4 = 11.14$，中国物流业市场结构有非常小幅度的改善。显然，经过十多年的发展，中国物流业企业规模仍普遍较小，整个物流市场仍相当分散，市场中物流企业竞争非常激烈，整个行业市场集中度仍很低。其实，明显的"二元"市场结构特征一直伴随着产权结构不同的中国物流企业的成长，即高端物流市场进入壁垒高、利润率高、企业数目极少，而低端物流市场不仅进入壁垒低，而且企业数目众多、竞争激烈所导致的资源配置和利润率都低。处于低端物流市场的物流企业简单化、单一化是供给的主要特征，"能够提供综合性、全过程、集成化的现代物流服务的企业不到 1%"[①]。因此，中国物流业低度集中寡占型市场结构并没有改变，改善空间仍很大。

---

① 蒋博. 中国物流业市场集中度研究 [J]. 新西部，2011 (12): 88.

(三) 物流业赫芬达尔指数分析

除了以上的分析方法,物流业结构也可以运用赫芬达尔指数来进行分析。在测度中国物流业的赫芬达尔指数时,由于无法获得物流业中所有企业的数据,因此,借鉴已有的相关研究,此处按照 2010~2015 年的物流业增加值的分项类别和分行业固定资产投资做出测算①,表 2-7 列出了赫芬达尔指数的测算结果。在表 3-7 中,赫芬达尔指数基本没有变动的时间段为 2010~2011 年,2012 年则为不稳定波动。但总体而言,波动的不明显下降是中国物流业赫芬达尔指数所呈现的趋势,如 2010 年,中国物流业固定资产投资 HHI 为 0.274、物流业增加值 HHI 为 0.225,而到了 2014 年则分别下降为 0.259 和 0.213。

从时间段来看,物流业增加值 HHI 一直都在 0.18 以上,从 2010 年的 0.225 下降到 2014 年的 0.213,下降了 1.2%;物流业固定资产投资 HHI 在 2010 年为 0.274,到 2014 年下降为 0.259,下降了 1.5%。这些数据表明,中国物流业固定资产投资资产规模增速放缓,资金来源分布较为集中,物流业增加值的市场集中度有所下降,这说明物流业竞争程度有所加强,但高度寡占型格局和固定资产投资资金来源的实质并没有发生改变。

表 2-7 中国物流业赫芬达尔指数 (HHI)

年份	2010	2011	2012	2013	2014	2015
物流业固定资产投资 HHI	0.274	0.249	0.257	0.247	0.259	0.252
物流业增加值 HHI	0.225	0.225	0.258	0.231	0.213	0.216

数据来源:根据中国物流与采购联合会网站及历年《中国统计年鉴》公布的数据计算而得。

二、基于地区维度的分析

本书也将从地区层面的视角进行相应分析。基于可行性的考虑,地区层面测

---

① 由于最主要的中国物流企业多被划入交通运输、仓储和邮政,而其他物流企业所占的市场份额较小,在计算赫芬达尔指数时,它们的影响可以忽略不计。因此,根据这样的分类计算赫芬达尔指数是可行的。

度采用物流业集中度指标。历年《国民经济和社会发展统计公报》给出了全社会固定资产投资额的相关数据,以交通运输、仓储和邮政业的投资额占第三产业投资额的比重和物流业增加值占各省份全部物流业的增加值总额的比重表示物流业集中度,2006~2015年各省份物流业集中度均值如表2-8所示。由表2-8可以看出,2006~2015年青海省、贵州省、山西省是物流业固定资产投资集中度均值的前三名,排位靠后的三省份为安徽省、江苏省、黑龙江省;2006~2015年山东省、浙江省、江苏省是物流业增加值集中度均值的前三名,排位靠后的三省份为青海省、海南省、宁夏回族自治区。很显然,物流行业发达的地区基本集中在经济较发达的地区,物流业集中度存在非常明显的区域差异,且物流业的投入并不能真正意义上提高物流业增加值。

表2-8 2006~2015年部分省份物流业集中度均值

省份	物流业固定资产投资集中度(%)	物流业增加值集中度(%)
北京	14.61	2.28
天津	17.02	2.70
河北	20.98	6.38
山西	26.48	4.48
内蒙古	24.41	3.41
辽宁	13.43	6.84
吉林	14.99	1.97
黑龙江	11.40	2.21
上海	18.70	7.73
江苏	11.18	9.61
浙江	16.11	9.71
安徽	9.12	2.76
福建	23.45	3.69
江西	13.72	2.17
山东	11.76	10.09
河南	12.84	3.02

续表

省份	物流业固定资产投资集中度（%）	物流业增加值集中度（%）
湖北	16.46	3.68
湖南	19.56	3.69
广东	17.05	9.22
广西	22.18	2.10
海南	18.14	0.92
重庆	17.23	1.71
四川	16.89	3.75
贵州	27.36	1.81
云南	22.07	1.91
陕西	16.55	2.72
甘肃	15.74	1.35
青海	34.29	0.28
宁夏	16.88	0.85
新疆	21.94	1.76

数据来源：根据历年《中国统计年鉴》及各省份历年《国民经济和社会发展统计公报》数据计算而得。

按照国家统计局的权威分类标准，表2-9将全国样本划分为东部11个省份、中部8个省份、西部12个省份；表2-10将全国样本划分为八大经济区①。总体来看，中国物流业集中度整体较低，各地区物流业集中度的绝对值存在差异，物流业集中度从东到西呈现阶梯式降低。显然，物流业在经济发展较好的地区处于中度集中的市场，而在其他地区内的竞争越发激烈，结构的不合理没有得到实质性改善，固定资产投资对物流业增加值并没有显现出推动效应。

---

① 考虑到中国地大物博，人口众多，经济发展水平还不均衡，仅用三个经济区域涵盖全国过于笼统，因此借鉴邓忠泉《试论我国九大经济区域划分》一文，将全国划分为东北、环渤海、泛长三角、南部沿海、湘鄂赣、西南、北部高原、新疆、青藏高原等九大经济区。鉴于新疆的数据过于单薄，因此，将新疆与青藏高原合并形成新疆—青藏高原经济区。

表 2-9 东中西部地区物流业集中度均值

	2006~2015 年	
	物流业固定资产投资集中度	物流业增加值集中度
东部地区	16.58	6.29
中部地区	15.57	3.00
西部地区	21.41	1.97

数据来源：根据历年《中国统计年鉴》及各省份历年《国民经济和社会发展统计公报》数据计算而得。

表 2-10 八大经济区物流业集中度均值

	2006~2015 年	
	物流业固定资产投资集中度	物流业增加值集中度
东北经济区	13.27	3.67
环渤海经济区	15.44	4.89
泛长三角经济区	13.78	7.45
南部沿海经济区	20.21	3.98
湘鄂赣经济区	16.58	3.18
西南经济区	20.89	2.30
北部高原经济区	20.01	2.56
新疆—青藏高原经济区	28.12	1.02

数据来源：根据历年《中国统计年鉴》及各省份历年《国民经济和社会发展统计公报》数据计算而得。

第三节 中国工业发展的事实描述

根据第一章对工业发展概念的界定，本节将从产业增长、技术创新和工业"三废"三个方面对中国工业进行描述性梳理。

第二章 物流业市场结构与工业发展：事实与特征

一、工业产业增长的基本特征

根据《中国工业经济统计年鉴》所获得的各省份和各细分产业的工业增加值数据，对中国工业产业增长进行具体的分析。2006~2015年为分析的统一时间段，且同时剔除数据缺失较多的西藏自治区。各地区的产业主要包括36个细分行业，由表2-11列出。

表2-11 工业产业具体细分行业

序号	行业名称	序号	行业名称	序号	行业名称
1	煤炭开采洗选业	13	木材加工和木竹藤棕草制品业	25	有色金属冶炼和压延加工业
2	石油和天然气开采业	14	家具制造业	26	金属制品业
3	黑色金属矿采选业	15	造纸和纸制品业	27	通用设备制造业
4	有色金属矿采选业	16	印刷和记录媒介复制业	28	专用设备制造业
5	非金属矿采选业	17	文教体育用品制造业	29	交通运输设备制造业
6	农副食品加工业	18	石油加工、炼焦和核燃料加工业	30	电气机械和器材制造业
7	食品制造业	19	化学原料和化学制品制造业	31	通信设备（计算机）及其他电子设备制造业
8	饮料制造业	20	医药制造业	32	仪器仪表制造业
9	烟草制品业	21	化学纤维制造业	33	工艺品及其他制造业
10	纺织业	22	橡胶和塑料制品业	34	电力热力和生产供应业
11	纺织服装服饰业	23	非金属矿物制品业	35	燃气生产和供应业
12	皮革（皮毛、羽毛及其制品）和制鞋业	24	黑色金属冶炼和压延加工业	36	水的生产和供应业

表2-12给出了不同地区36个细分行业的产业增长情况。由表2-12可以看出，在2006~2015年，产业增长最快的前5个地区为：内蒙古自治区、安徽省、湖北省、重庆市和四川省；如果将产业增长进行分解来看，新企业形成最快

的前6个地区为云南省、江西省、湖南省、海南省、上海市和内蒙古自治区,而湖南省、江西省、广西壮族自治区、江苏省和四川省为企业规模增长最快的5个地区。由此可以看出,产业增长和新企业形成最快的地区与过去十多年相比已经有了很大的变化,源于国家"十一五"期间实施的相关规划①,而发展仍较弱的东北和西部地区的个别省份,应更好利用若干意见和开发规划②。

表2-12 各省份产业增长情况

省份	平均产业增长率	平均企业数量增长	平均企业规模增长
北京	0.12	0.29	1.89
天津	0.23	0.42	2.13
河北	0.20	0.20	1.06
山西	0.17	0.10	0.38
内蒙古	0.27	0.51	1.38
辽宁	0.21	0.39	0.82
吉林	0.23	0.29	2.02
黑龙江	0.17	0.42	0.48
上海	0.11	0.58	1.91
江苏	0.21	0.35	3.16
浙江	0.15	0.28	2.52
安徽	0.27	0.44	2.31
福建	0.21	0.21	2.44
江西	0.23	0.96	4.18
山东	0.21	0.27	1.97
河南	0.20	0.22	2.32
湖北	0.26	0.34	2.28
湖南	0.23	0.89	4.60

① 《促进中部地区崛起规划》和《西部大开发"十一五"规划》。
② 《关于实施东北地区等老工业基地振兴战略的若干意见》和西部大开发战略规划。

续表

省份	平均产业增长率	平均企业数量增长	平均企业规模增长
广东	0.16	0.24	2.73
广西	0.23	0.37	3.75
海南	0.19	0.77	2.01
重庆	0.25	0.41	2.42
四川	0.25	0.27	2.89
贵州	0.19	0.17	2.68
云南	0.20	1.10	2.44
陕西	0.22	0.16	1.50
甘肃	0.18	0.17	0.71
青海	0.23	0.18	1.35
宁夏	0.21	0.27	0.72
新疆	0.16	0.18	1.50

数据来源：根据历年《中国工业经济统计年鉴》数据计算而得。

表2-13描述了不同产业的平均产业增长情况。由表2-13可以看出，黑色金属矿采选业、工艺品及其他制造业、木材加工和木竹藤棕草制品业、橡胶与塑料制品业、燃气生产和供应业等为增长最快的产业，而增长最慢的行业包括石油、天然气开采、石油加工、炼焦和核燃料加工、水生产和供应业、化学纤维制造、电力、热力生产和供应业等；在新企业形成方面，增长最快的行业是木材加工及木竹藤棕草制品产业、非金属矿采选业、金属制品业、农副产品加工业以及橡胶和塑料制品业等，增长最慢为烟草制造业、石油和天然气开采业、计算机通信和其他电子设备制造业、电力热力生产和供应业、石油加工炼焦和核燃料加工业等；在企业规模增长方面，最快的为农副产品加工、印刷和记录媒介复制业、纺织、烟草制造业、木材加工和木竹藤棕草制品业等，最慢为电力热力生产和供应业、石油和天然气开采业、化学纤维制造、黑色金属冶炼和压延加工业、石油加工炼焦和核燃料加工业等。

表 2-13 各行业产业增长情况

行业名称	平均产业增长率	平均新企业形成	平均企业规模增长
煤炭开采和洗选业	0.14	1.85	0.06
石油和天然气开采业	0.02	0.67	0.006
黑色金属矿采选业	0.23	2.96	0.30
有色金属矿采选业	0.11	1.78	0.16
非金属矿采选业	0.21	6.63	0.51
农副食品加工业	0.14	3.92	72.95
食品制造业	0.17	2.06	0.53
饮料制造业	0.16	1.74	0.23
烟草制造业	0.10	0.08	0.64
纺织业	0.12	2.17	1.92
纺织服装、服饰业	0.13	2.48	0.51
皮革、皮毛、羽毛及其制品和制鞋业	0.13	1.88	0.36
木材加工和木、竹、藤、棕、草制品业	0.22	6.73	1.69
家具制造业	0.16	2.41	0.37
造纸和纸制品业	0.11	2.80	0.17
印刷和记录媒介复制业	0.14	3.27	0.69
文教体育用品制造业	0.19	2.09	0.18
石油加工、炼焦和核燃料加工业	0.05	0.91	0.04
化学原料和化学制品制造业	0.14	3.01	0.21
医药制造业	0.15	1.44	0.19
化学纤维制造业	0.08	1.92	0.02
橡胶和塑料制品业	0.27	3.34	0.33
非金属矿物制品业	0.16	3.08	0.37
黑色金属冶炼和压延加工业	0.12	1.57	0.04
有色金融冶炼和压延加工业	0.14	2.15	0.13
金属制品业	0.17	3.90	0.42
通用设备制造业	0.18	3.35	0.33
专用设备制造业	0.18	2.77	0.26
交通运输设备制造业	0.20	1.55	0.15
电气机械和器材制造业	0.15	1.93	0.22

续表

行业名称	平均产业增长率	平均新企业形成	平均企业规模增长
计算机、通信和其他电子设备制造业	0.18	0.82	0.14
仪器仪表制造业	0.12	1.75	0.16
工艺品及其他制造业	0.30	3.00	0.27
电力、热力生产和供应业	0.09	0.55	0.02
燃气生产和供应业	0.23	1.66	0.22
水的生产和供应业	0.07	1.63	0.26

数据来源：根据历年《中国统计年鉴》和《中国工业经济统计年鉴》数据整理计算而得。

二、工业技术创新特征

近现代世界历史表明，技术创新是现代化的发动机，是一个国家进步和发展最重要的因素之一，尤其是世界经济发展的中心总是随着技术创新中心的转移而转移。从理论上讲，技术创新有多种表现形式，可以根据产品、技术、产业自身状况和市场情况等方面来进行创新，如 designing products 和 quality improvement、innovation of new methods and products、process innovation cost reduction 等，不存在一个固定的模式。因此，如果在众多衡量技术创新的方法中进行选择，专利申请数和新产品销售收入份额这两个指标可以被同时纳入衡量的指标中，以期将中国工业产业的技术创新水平进行更客观的反映。具体来说，将从时间、工业各细分产业和地区层面三个维度刻画中国工业产业在技术创新方面的水平。

（一）整体的时间变化趋势

《中国科技统计年鉴》为刻画中国工业在技术创新水平方面的数据支持。考虑到与前文物流业的相关数据统计时间匹配，此处对专利申请数和新产品销售收入份额的考察时间段也定为 2006～2015 年。

图 2-5 为中国工业整体的专利申请数的时间变化情况。由图 2-5 可以看出，专利申请数在 2006 年为 470342 件，2015 年增加到了 2256078 件，增长了 4.8 倍。增加速度不断加快始于 2010 年，而 2011 年开始则以更快的速度在增加。

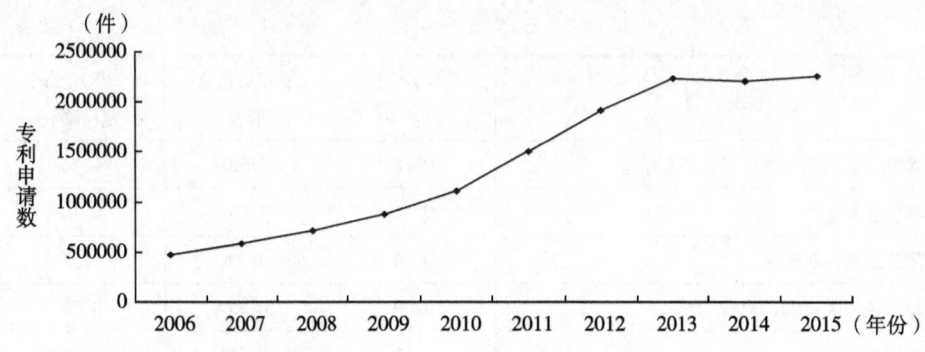

图2-5 专利申请数的时间变动趋势

数据来源：历年《中国科技统计年鉴》。

图2-6为中国工业整体的新产品销售收入份额的时间变化情况。从图2-6中可以看出，新产品的整体销售收入份额在2006~2015年总体为先升后降的趋势，其中，2006年、2007年新产品销售收入份额明显增加，但2008年开始出现了较大的连续下降，到了2009年新产品销售收入份额达到了峰值，占比为17.34%，随后又开始逐年下降，并呈现回升的态势。造成这个结果的一个重要原因是金融危机影响的滞后性。

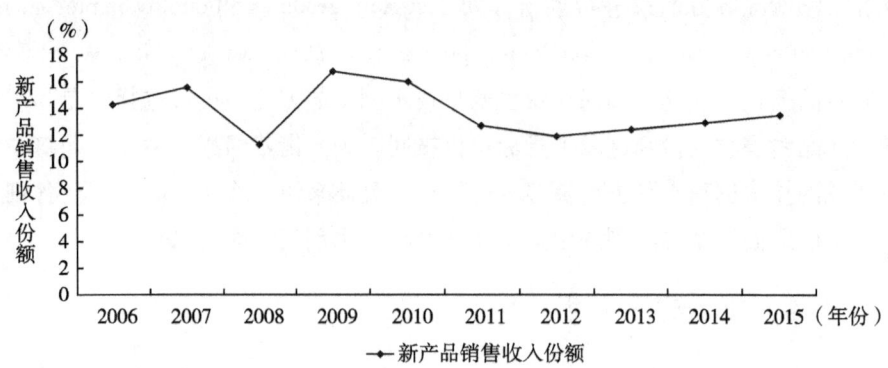

图2-6 新产品销售收入份额的时间变动趋势

数据来源：历年《中国科技统计年鉴》。

总体上来看，虽然技术创新水平的衡量指标不同，但基本上都客观地反映了随着时间的变化趋势。

(二) 各细分工业产业技术创新特征

表 2-14 显示了中国各细分工业产业技术创新在 2006~2015 年的具体情况。同时，图 2-7 和图 2-8 说明了 2006~2015 年各具体产业的专利申请数均值和新产品销售收入份额均值。

表 2-14 分行业工业产业技术创新水平

产业（代码）	专利申请数（件）			新产品销售收入份额（%）		
	2015 年	均值	平均增长率	2015 年	均值	平均增长率
煤炭开采和洗选业（01）	2857	1293.75	92.36	3.46	3.96	3.01
石油和天然气开采业（02）	2628	1464.00	69.37	0.05	0.76	76.98
黑色金属矿采选业（03）	588	206.25	112.09	0.39	0.42	116.26
有色金属矿采选业（04）	254	131.63	47.34	5.03	3.50	38.03
非金属矿采选业（05）	387	129.63	63.26	0.97	2.70	14.92
农副食品加工业（06）	7344	2717.25	106.89	3.53	4.29	4.82
食品制造业（07）	5421	2421.13	72.25	5.92	6.47	46.81
饮料制造业（08）	3863	1804.88	124.07	7.39	8.71	-1.54
烟草制造业（09）	2634	940.00	104.65	19.16	15.27	16.56
纺织业（10）	11457	6805.00	178.77	11.2	11.16	11.90
纺织服装、服饰业（11）	6347	2628.88	171.13	7.59	7.33	16.25
皮革、皮毛、羽毛及其制品和制鞋业（12）	3538	1413.63	160.15	5.84	6.51	2.10
木材加工和木、竹、藤、棕、草制品业（13）	2603	1119.13	129.73	2.80	6.92	11.50
家具制造业（14）	4826	2006.88	378.78	5.88	7.07	5.55
造纸和纸制品业（15）	3278	1436.88	101.24	10.68	11.51	2.28
印刷和记录媒介复制业（16）	2867	935.63	89.77	7.31	9.43	10.28
文教体育用品制造业（17）	10885	3856.25	164.20	6.75	7.15	7.39
石油加工、炼焦和核燃料加工业（18）	1600	704.13	35.88	6.47	4.27	7.48

续表

产业（代码）	专利申请数（件）			新产品销售收入份额（%）		
	2015年	均值	平均增长率	2015年	均值	平均增长率
化学原料和化学制品制造业（19）	27165	10852.75	65.41	11.93	11.93	4.78
医药制造业（20）	17124	7583.50	43.65	17.57	19.17	1.06
化学纤维制造业（21）	3177	1332.38	58.06	21.39	19.50	4.50
橡胶和塑料制品业（22）	15427	6156.00	117.02	10.53	13.25	-0.42
非金属矿物制品业（23）	15369	6266.63	93.98	4.64	6.41	4.72
黑色金属冶炼和压延加工业（24）	13874	6308.38	51.67	10.46	12.12	-2.69
有色金融冶炼和压延加工业（25）	9022	4286.75	71.48	11.04	10.96	-0.37
金属制品业（26）	18318	7728.38	119.79	8.21	9.28	8.28
通用设备制造业（27）	49305	19811.00	87.35	16.71	21.17	2.38
专用设备制造业（28）	53037	20205.25	92.03	18.03	22.26	-68.31
交通运输设备制造业（29）	57377	25302.13	104.24	26.46	35.68	-4.09
电气机械和器材制造业（30）	78154	35673.88	87.33	22.51	25.19	0.48
计算机、通信和其他电子设备制造业（31）	88960	49089.38	29.37	30.65	27.10	3.14
仪器仪表制造业（32）	19507	8051.13	129.61	19.83	19.39	13.02
工艺品及其他制造业（33）	1751	1478.25	78.13	12.46	8.48	16.68
电力、热力生产和供应业（34）	17537	5725.88	175.27	0.40	0.25	36.93
燃气生产和供应业（35）	84	40.75	223.05	0.39	0.53	79.64
水的生产和供应业（36）	294	114.00	91.58	0.88	0.38	72.49

注：从2012年开始交通运输设备制造业分为汽车制造业和铁路、船舶、航空航天和其他运输设备制造业，为统一口径，2012年以后的交通运输设备制造业数据为二者之和。

数据来源：历年《中国科技统计年鉴》。

综观专利申请数的均值，2006～2015年排名TOP 5的产业分别为：通信计算机及其他电子设备制造业、电气机械和器材制造业、交通运输设备制造业、专用设备制造业、通用设备制造业,而技术创新水平排名靠后的分别为:燃气生产和供应、水的生产和供应、非金属矿采选业、有色金属矿采选业以及黑色金属矿采选业等。若单就以2013年为例,该年度的分布情况与2006~2015年的均值分布情况基本一致,且高技术产业的专利申请数占优,而资源采选业的申请数量匮乏。

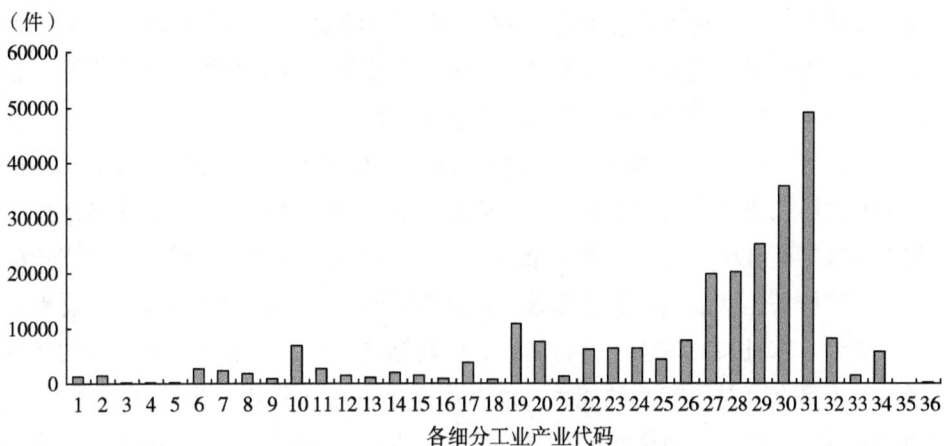

图2-7 各工业产业专利申请数比较

注:产业代码如横轴中的数字所示(见表2-13)。

数据来源:历年《中国科技统计年鉴》。

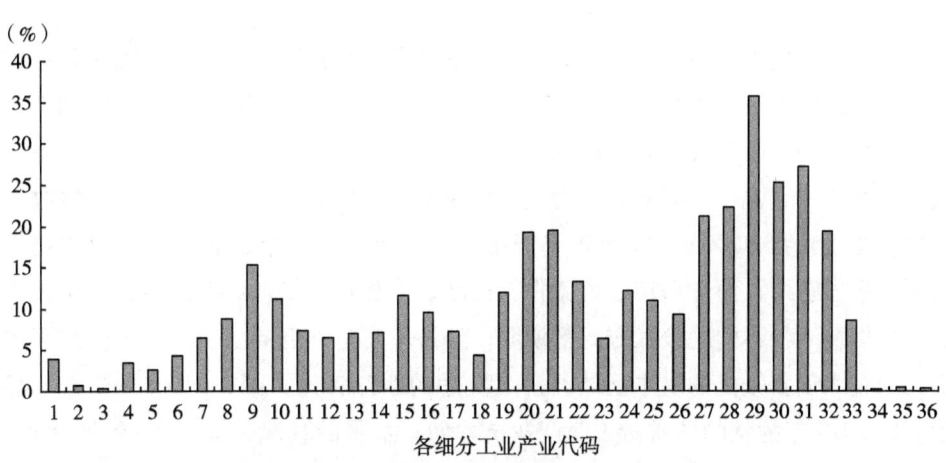

图2-8 各工业产业新产品销售收入份额比较

注:产业代码如横轴中的数字所示(见表2-13)。

数据来源:历年《中国科技统计年鉴》。

就新产品销售收入份额在 2006~2015 年均值来看，技术创新水平较高的产业为交通运输设备制造业、通信计算机及其他电子设备制造业、电气机械和器材制造业、专用设备制造业、通用设备制造业等，而技术创新水平较低的行业为电力热力生产和供应业、水的生产和供应业、黑色金属矿采选业、燃气生产和供应业、石油和天然气开采业等。若单就以 2013 年的新产品销售收入份额而言，各工业产业的新产品销售收入份额与 2006~2015 年的份额均值分布基本一致，且可以看出：创新强度较大的是高新技术产业，而资源采选业的技术创新水平则较低，居于二者之间的是其他产业的技术创新水平。

当然，表 2-14 还计算了相应的增长速度。就专利申请数的平均增长率而言，正向的增长速度是所有产业的统一表现，这说明随时间轴推进，所有产业的专利申请数都呈现增量效应，其中家具制造、燃气生产和供应、纺织业等产业的专利申请数增长速度最快，而申请数增长速度较慢的为石油加工炼焦和核燃料加工业、通信计算机和其他电子设备制造、医药制造业等，这恰恰说明高新技术的创新是一个具有一定周期性的能力。就新产品销售收入份额的平均增长率而言，石油和天然气开采、黑色金属矿采选业、燃气生产和供应业等产业的增长速度较快，而多个产业，如专用设备制造业、交通运输设备制造业、饮料制造业等产业的平均增长率较慢，甚至出现了负增长。

（三）地区层面的工业技术创新特征

表 2-15 列出了各省份在工业技术创新方面的真实表现（西藏自治区因数据较为残缺从样本中剔除）。就专利申请数均值而言，2006~2015 年的技术创新水平排名较前的地区为江苏省、广东省、浙江省等地，而青海省、海南省、宁夏回族自治区、内蒙古自治区等地则为技术创新水平较低的地区。就新产品销售收入份额的均值来看，2006~2015 年重庆市、上海市、天津市、北京市等地的技术创新水平居前列，而青海市、内蒙古自治区、吉林省、新疆维吾尔自治区则较靠后。显然，两种不同的表征方式都说明，经济较发达地区的工业技术创新水平较高，而技术创新较低的基本上是经济欠发达的西部省份。图 2-9 和图 2-10 显示了以 2013 年为例的各省份工业产业技术创新水平的状况，从图 2-9 和图 2-10 中可以看出，东部各省份的技术创新水平仍旧较高，中部各省份的技术创新在努力追随，而西部各省份的技术创新水平虽仍落后，但也在逐步有所提高。

表 2-15 分地区工业技术创新水平

地区（代码）	专利申请数（件）		新产品销售收入份额（%）	
	2013 年	2006~2015 年均值	2013 年	2006~2015 年均值
北京（01）	123336	62858.9	19.65	23.21
天津（02）	60915	29160.4	20.78	23.99
河北（03）	27619	14539	6.29	5.94
山西（04）	18859	9338.3	5.59	6.85
内蒙古（05）	6388	3317.4	3.11	5.27
辽宁（06）	45996	30216.5	7.95	10.04
吉林（07）	10751	6982.8	3.17	18.80
黑龙江（08）	32264	15892.5	4.25	6.29
上海（09）	86450	64858.3	22.43	24.30
江苏（10）	504500	250744.8	14.77	14.10
浙江（11）	294014	145190.1	24.27	19.85
安徽（12）	93353	37683.6	12.95	13.00
福建（13）	53701	25403.1	10.38	14.26
江西（14）	16938	7633.1	4.54	9.69
山东（15）	155170	85809.5	10.81	12.57
河南（16）	55920	27965.0	8.01	7.91
湖北（17）	50816	32032.3	12.17	13.43
湖南（18）	41336	22548.5	17.97	18.68
广东（19）	264265	158231.1	16.94	14.79
广西（20）	23251	8063.6	9.28	14.76
海南（21）	2359	1221.8	10.23	15.19
重庆（22）	49036	22227.0	17.62	30.78
四川（23）	82453	41048.1	6.92	13.46
贵州（24）	17405	6693.9	5.05	9.78
云南（25）	11512	6060.3	4.44	6.38
陕西（26）	57287	24719.4	5.59	8.28
甘肃（27）	10976	4500.5	7.21	7.16
青海（28）	1099	614.9	0.60	6.09
宁夏（29）	3230	1363.3	8.12	6.87
新疆（30）	8224	4171.8	4.05	3.20

数据来源：历年《中国科技统计年鉴》。

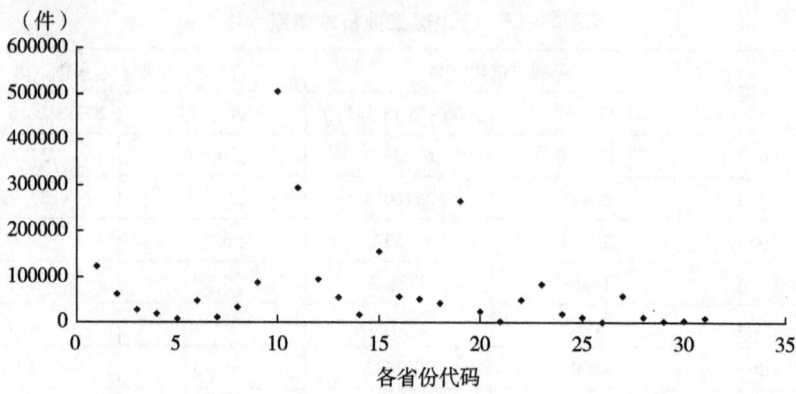

图 2-9　2013 年各省份工业专利申请数

注：各省份代码如横轴中的数字所示（见表 2-13）。

数据来源：历年《中国科技统计年鉴》。

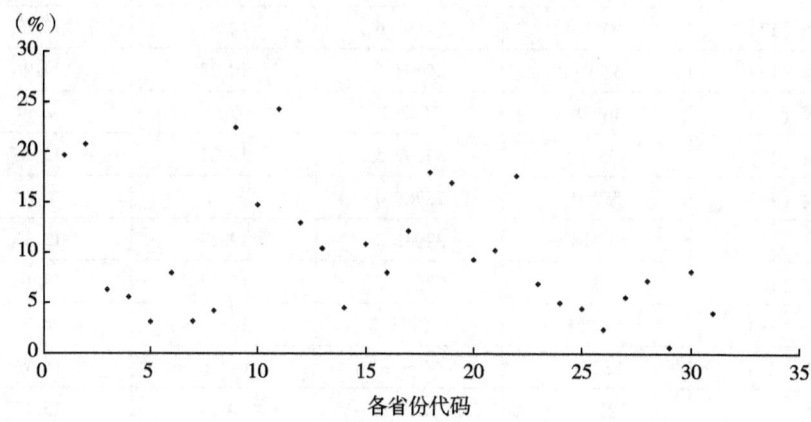

图 2-10　2013 年各省份工业新产品销售收入份额

注：各省份代码如横轴中的数字所示（见表 2-13）。

数据来源：历年《中国科技统计年鉴》。

鉴于后面实证研究中使用数据的情况，因此通过表 2-15、图 2-11 和图 2-12 反映了 2006~2015 年各省份的技术创新水平。从各省份专利申请数均值来看，技术创新水平排前三位的为江苏省、广东省、浙江省，排在后三位的为青海省、海南省、宁夏回族自治区；从新产品销售收入份额均值来看，重庆市拔得头筹，其次为上海市、天津市和北京市，而新疆维吾尔自治区、内蒙古自治区、青海省和黑龙江省。显然，2006～2015年各省份工业技术创新水平正开始逐渐摆脱"东强西弱"的格局。

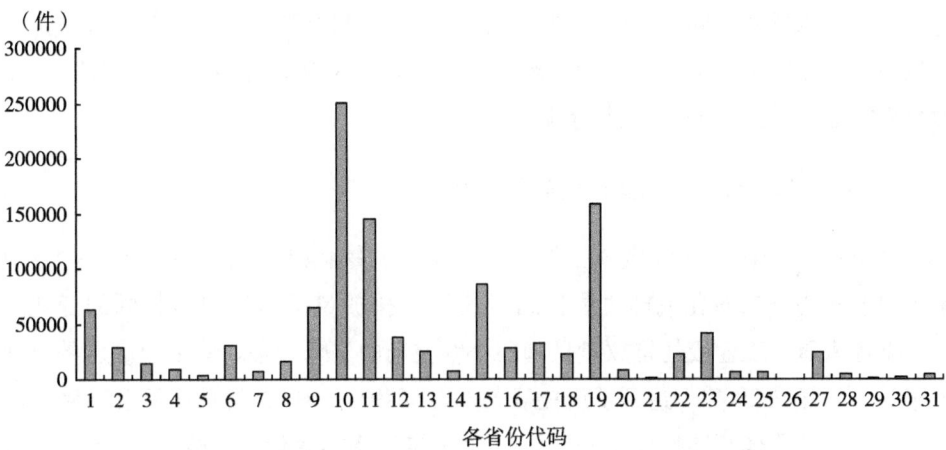

图 2-11　2006～2015年各省份工业产业专利申请数均值

注：横轴中的数字代表各省份代码（见表2-13）。

数据来源：历年《中国科技统计年鉴》。

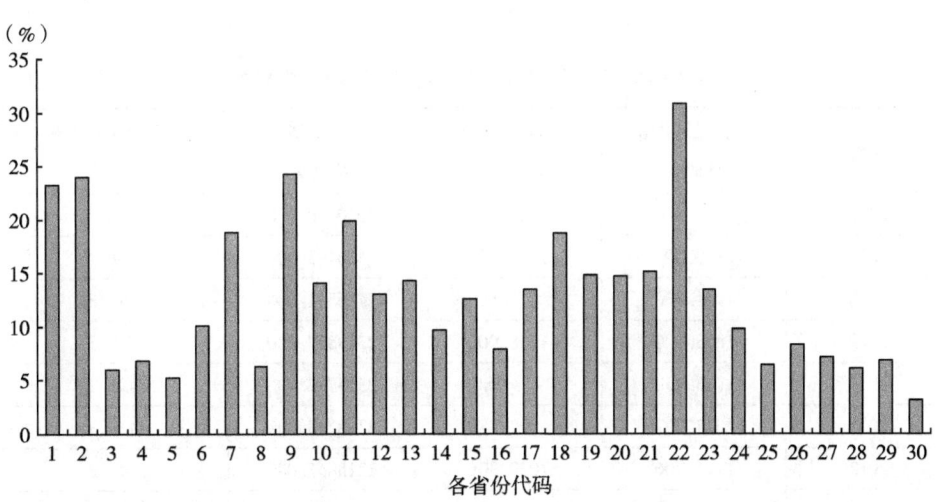

图 2-12　2006～2015年各省份工业产业新产品销售收入份额均值

注：横轴中的数字代表各省份代码（见表2-13）。

数据来源：历年《中国科技统计年鉴》。

三、工业污染物排放特征

以下将依然从时间轴、产业轴、地区轴三个轴向对工业污染物的排放情形进行描述。工业污染物排放在《中国环境统计年鉴》中被统称为工业"三废"。下面将对工业"三废"进行具体刻画。

(一) 工业污染物排放整体的时间变化趋势

从2006~2015年工业废气排放量[由工业二氧化硫和工业烟(粉)尘排放量组成]来看,二氧化硫排放量和烟(粉)尘排放量基本呈现出相同的变化走势。整体来看,工业废气排放量呈趋向小幅波动的下降状态。从工业废水的排放量来看,虽然在2007年达到了历史峰值(2466493万吨),但总体呈现不断下降趋势。从工业固体废物排放量来看,工业固体废物排放量在2006~2015年持续走低,从1302.1万吨降至73万吨。比较图2-13、图2-14和图2-15,工业废气排放量、工业废水排放量和工业固体废物排放量三者总体为相似的下降走势,这可能与产业结构调整和不断强化的环境保护政策密切相关,从而呈现出下降状态。

表2-16 2006~2015年主要工业污染物排放量　　　　单位:万吨

年份	工业二氧化硫排放量	工业烟(粉)尘排放量	工业废水排放量	工业固体废物排放量
2006	2041.800	1547.100	2080440.000	1302.1
2007	2140.000	1469.800	2466493.000	1196.7
2008	1991.400	1255.600	2416511.000	781.8
2009	1865.900	1128.000	2343857.000	710.5
2010	1705.450	958.180	2374732.000	498.2
2011	2017.227	1100.884	2308743.000	433.3
2012	1911.706	1029.308	2215857.000	144.2
2013	1835.190	1094.624	2098398.000	129.3
2014	1740.400	1456.100	2053000.000	121.3
2015	1859.119	1538.013	2116494.845	73.0

数据来源:历年《中国环境统计年鉴》。

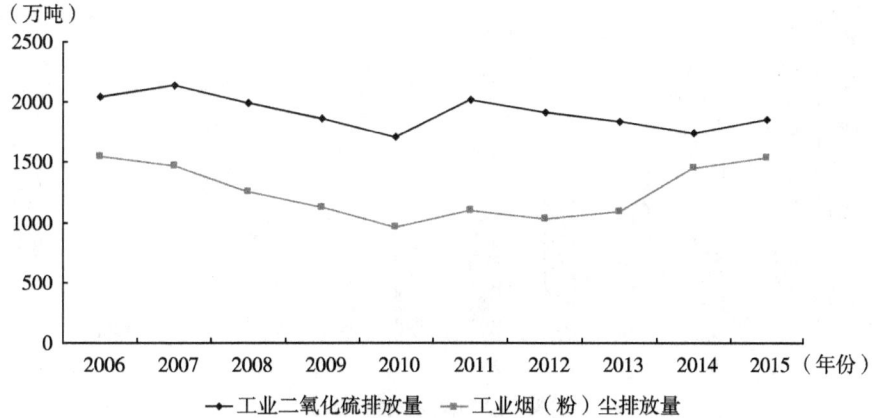

图2-13 工业废气排放量的时间变动趋势

数据来源：历年《中国环境统计年鉴》。

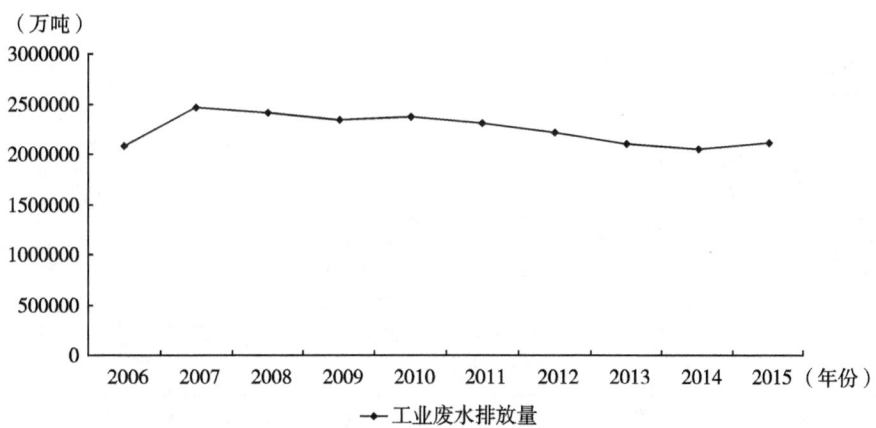

图2-14 工业废水排放量的时间变动趋势

数据来源：历年《中国环境统计年鉴》。

因工业"三废"量与工业总产值密切关系，本书使用工业污染物排放强度这个相对指标，以更好地反映中国工业"三废"的排放模式。主要工业"三废"的排放强度如图2-16到图2-18所示。

由图2-16可知，随着时间的推移而不断下降的是工业二氧化硫排放强度、工业烟（粉）尘排放强度，走势趋向几近相同。以工业二氧化硫排放强度为例，从2006年的64.49371万吨/万亿元下降为2015年的16.85052万吨/万亿元。

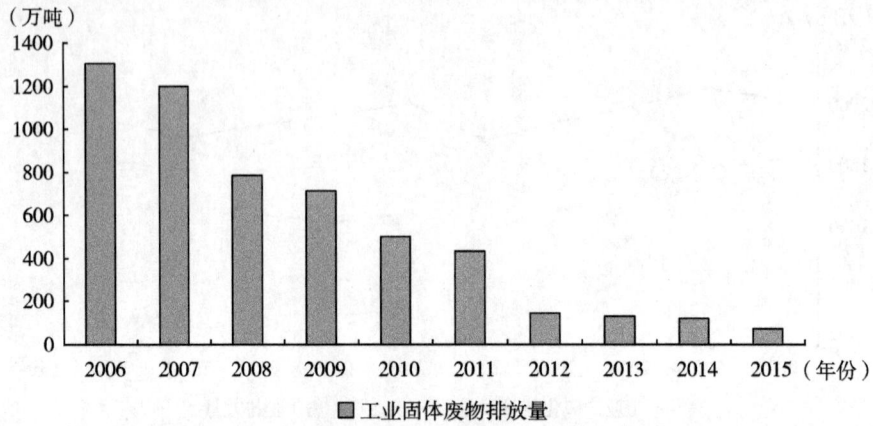

图 2-15 工业固体废物排放量的时间变动趋势

数据来源：历年《中国环境统计年鉴》。

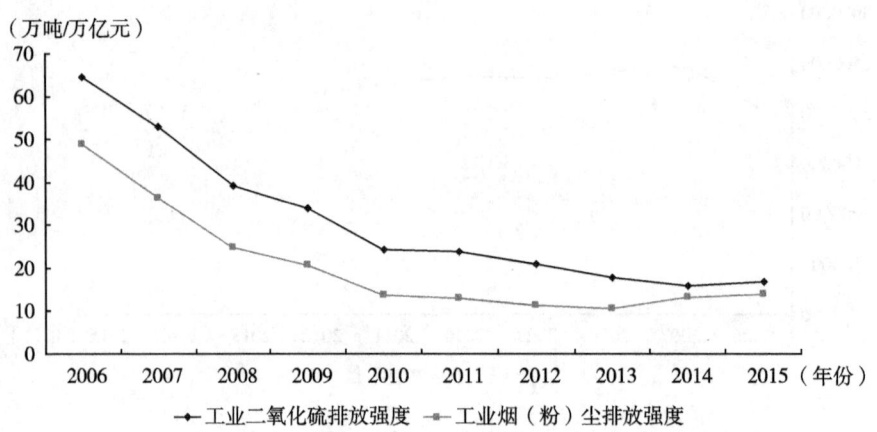

图 2-16 工业废气排放强度的时间变动趋势

数据来源：历年《中国环境统计年鉴》及历年《全国国民经济和社会发展统计公报》的数据计算而得。

从图2-17可知，工业废水排放强度呈现出随时间的推移而不断下降的趋势，从2006年的65714.22万吨/万亿元，下降到2015年的19183.3万吨/万亿元。

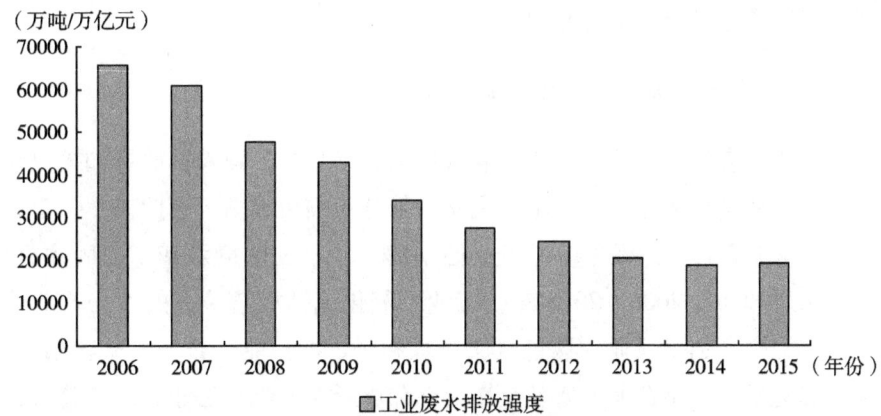

图 2-17 工业废水排放强度的时间变动趋势

数据来源：历年《中国环境统计年鉴》及历年《全国国民经济和社会发展统计公报》的数据计算而得。

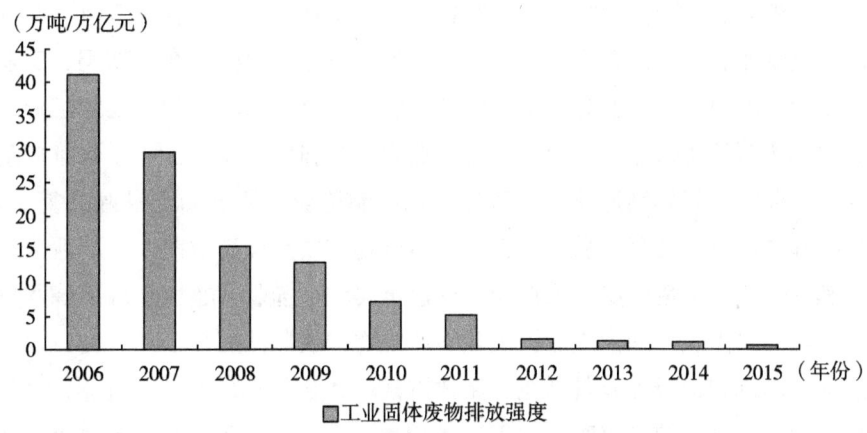

图 2-18 工业固体废物排放强度的时间变动趋势

数据来源：历年《中国环境统计年鉴》及历年《全国国民经济和社会发展统计公报》的数据计算而得。

由图 2-18 可以看出，工业固体废物排放强度与工业废水排放强度的变化趋势极其相似，但下降更快。工业固体废物排放强度从 2006 年的 41.12903 万吨/万亿元一路下降，到 2015 年共下降了 40.4674 万吨/万亿元。

综上所述，各工业"三废"量在走势上基本一致，同时，它们的强度状况

物流业市场结构对中国工业发展的影响

也都随着时间推进呈持续下降趋势。

(二) 工业污染物排放的具体产业特征

表2-17和表2-18计算了考察期内各工业产业的污染物排放量和排放强度均值。特别需要指出的是,由于不尽完整的部分污染物数据,因此表2-17和表2-18中仅包含了工业二氧化硫、工业烟(粉)尘、工业废水和工业固体废物。由表2-17可知,在2006~2015年,工业二氧化硫排放量最高的5个产业分别是:电力热力生产和供应业、黑色金属冶炼和压延加工业、非金属矿物制品业、化学原料和化学制品制造业、有色金属冶炼和压延加工业;工业二氧化硫排放量最低的5个产业:家具制造业、印刷和记录媒介复制业、文教体育用品制造业、水的生产和供应业、仪器仪表制造业。在此期间,工业烟(粉)尘排放量最高的前5个产业:石油加工炼焦和核燃料加工业、非金属矿物制品业、化学原料和化学制品制造业、电力热力生产和供应业、黑色金属冶炼和压延加工业。工业烟(粉)尘排放最低的5个产业为:水的生产和供应业、仪器仪表制造业、印刷和记录媒介复制业、文教体育用品制造业、家具制造业。同样,在此期间,工业废水排放量最高的前5个产业为造纸和纸制品业、黑色金属冶炼和压延加工业、化学原料和化学制品制造业、纺织业、电力热力生产和供应业;工业废水排放量最少的5个产业为:家具制造业、文教体育用品制造业、印刷和记录媒介复制业、燃气生产和供应业、烟草制品业。工业固体废物排放量最高的前5个产业为:煤炭开采和洗选业、有色金属矿采选业、黑色金属矿采选业、黑色金属冶炼和压延加工业、电力热力生产和供应业;工业固体废物排放最低的5个产业为:仪器仪表制造业、印刷和记录媒介复制业、文教体育用品制造业、家具制造业、水的生产和供应业。通过比较可以看出,无论是哪种工业"三废",电力热力生产和供应业、黑色金属冶炼和压延加工业的排放量都较大,而家具制造业、文教体育用品制造业、印刷和记录媒介复制业的排放量都较小。

表2-17 2006~2015年具体产业的主要工业污染物排放量均值

产业	工业二氧化硫排放量(万吨)	工业烟(粉)尘排放量(万吨)	工业废水排放量(万吨)	工业固体废物排放量(万吨)
煤炭开采和洗选业	14.495	28.011	105920.600	198.976

续表

产业	工业二氧化硫排放量（万吨）	工业烟（粉）尘排放量（万吨）	工业废水排放量（万吨）	工业固体废物排放量（万吨）
石油和天然气开采业	2.885	1.155	22092.750	2.180
黑色金属矿采选业	4.258	8.001	47570.500	71.443
有色金属矿采选业	9.059	2.539	61640.630	92.204
非金属矿采选业	4.914	7.000	8491.000	13.089
农副食品加工业	19.321	15.575	137390.000	4.679
食品制造业	12.555	5.828	50264.130	1.140
饮料制造业	12.035	7.376	68371.630	3.655
烟草制造业	1.239	0.674	2755.125	0.359
纺织业	26.788	11.529	227375.100	1.459
纺织服装、服饰业	1.519	0.795	15533.250	0.320
皮革、皮毛、羽毛及其制品和制鞋业	2.036	1.090	24543.500	0.356
木材加工和木、竹、藤、棕、草制品业	4.021	9.600	4645.500	0.429
家具制造业	0.283	0.654	1314.000	0.057
造纸和纸制品业	47.960	20.465	389832.500	3.854
印刷和记录媒介复制业	0.335	0.184	1506.375	0.040
文教体育用品制造业	0.144	0.189	1388.750	0.043
石油加工、炼焦和核燃料加工业	69.964	46.865	74180.130	22.303
化学原料和化学制品制造业医药制造业	113.750	60.505	317542.100	20.013
医药制造业	8.775	4.604	49045.630	1.624
化学纤维制造业	11.265	3.045	43070.880	1.821
橡胶和塑料制品业	7.280	3.139	11986.500	0.321
非金属矿物制品业	183.005	396.393	40300.750	34.204
黑色金属冶炼和压延加工业	193.330	171.075	389267.400	41.944
有色金融冶炼和压延加工业	87.818	28.311	39424.500	20.619
金属制品业	5.280	5.155	33204.500	0.463
通用设备制造业	3.871	5.345	12028.880	3.758

续表

产业	工业二氧化硫排放量（万吨）	工业烟（粉）尘排放量（万吨）	工业废水排放量（万吨）	工业固体废物排放量（万吨）
专用设备制造业	2.481	2.148	9108.000	1.140
交通运输设备制造业	3.524	7.229	26472.630	1.757
电气机械和器材制造业	1.160	0.733	9512.750	0.151
计算机、通信和其他电子设备制造业	1.058	0.793	37679.630	0.534
仪器仪表制造业	0.312	0.155	4729.750	0.012
工艺品及其他制造业	2.010	1.401	3693.125	0.127
电力、热力生产和供应业	957.849	253.594	160695.500	41.773
燃气生产和供应业	2.090	1.431	1983.000	0.173
水的生产和供应业	0.157	0.048	15107.250	0.125

数据来源：历年《中国环境统计年鉴》。

以下为 2006～2015 年的具体产业的工业污染物强度。如表 2-18 所示，工业二氧化硫排放强度最高的前 5 个产业为：有色金属矿采选业、电力热力生产和供应业、造纸和纸制品业、非金属矿物制品业、黑色金属冶炼和压延加工业；最低的为通信设备计算机及其他电子设备制造业、仪器仪表制造业、电气机械和器材制造业、文教体育用品制造业、家具制造业。工业烟（粉）尘排放强度最高的前 5 个产业为：非金属矿物制品业、电力热力生产和供应业、造纸和纸制品业、黑色金属冶炼和压延加工业、非金属矿采选业；最低的为计算机通信设备及其他电子设备制造业、电气机械和器材制造业、仪器仪表制造业、印刷和记录媒介复制业、水的生产和供应业。工业废水排放强度最高的前 5 个产业为：水的生产和供应业、造纸和纸制品业、化学纤维制造业、有色金属矿采选业、纺织业；最低的为电气机械和器材制造业、家具制造业、文教体育用品制造业、印刷和记录媒介复制业以及通用设备制造业。工业固体废物排放强度最高的前 5 个产业为：非金属矿采选业、有色金属矿采选业、非金属矿物制品业、黑色金属矿采选业和煤炭开采和洗选业；最低的为仪器仪表制造业、文教体育用品制造业、电气机械和器材制造业、印刷和记录媒介复制业以及计算机通信设备及其他电子设备制造业。

表 2-18 2006~2015 年具体产业的主要工业污染物排放强度均值

产业	工业二氧化硫排放强度（吨/亿元）	工业烟（粉）尘排放强度（吨/亿元）	工业废水排放强度（万吨/亿元）	工业固体废物排放强度（吨/亿元）
煤炭开采和洗选业	9.226	15.497	5.360	158.610
石油和天然气开采业	3.297	1.364	1.094	2.296
黑色金属矿采选业	11.735	16.898	4.077	205.783
有色金属矿采选业	37.430	9.074	13.948	380.985
非金属矿采选业	23.542	35.216	3.658	45.477
农副食品加工业	6.640	5.382	5.117	1.805
食品制造业	13.325	6.644	5.515	1.581
饮料制造业	16.104	10.445	9.315	6.540
烟草制造业	2.647	1.453	0.573	0.743
纺织业	11.595	5.304	9.879	0.784
纺织服装、服饰业	1.482	0.805	1.514	0.385
皮革、皮毛、羽毛及其制品和制鞋业	2.868	1.707	3.876	0.695
材加工和木、竹、藤、棕、草制品业	7.196	14.200	0.893	0.912
家具制造业	0.812	2.249	0.460	0.170
造纸和纸制品业	57.806	26.412	47.494	5.955
印刷和记录媒介复制业	1.059	0.609	0.564	0.116
文教体育用品制造业	0.483	0.730	0.478	0.164
石油加工、炼焦和核燃料加工业	27.939	20.242	3.001	10.854
化学原料和化学制品制造业	28.901	16.126	8.183	6.555
医药制造业	8.822	5.092	5.182	2.192
化学纤维制造业	26.681	7.517	10.251	5.674
橡胶和塑料制品业	4.371	1.940	0.711	0.270
非金属矿物制品业	73.515	182.872	1.448	18.455
黑色金属冶炼和压延加工业	40.816	37.878	3.132	11.952
有色金融冶炼和压延加工业	34.121	11.612	1.380	11.964
金属制品业	2.812	2.649	1.855	0.382

续表

产业	工业二氧化硫排放强度（吨/亿元）	工业烟（粉）尘排放强度（吨/亿元）	工业废水排放强度（万吨/亿元）	工业固体废物排放强度（吨/亿元）
通用设备制造业	1.656	2.255	0.483	1.863
专用设备制造业	1.669	1.360	0.601	0.930
交通运输设备制造业	0.924	1.910	0.656	0.497
电气机械和器材制造业	0.351	0.225	0.286	0.055
计算机、通信和其他电子设备制造业	0.250	0.165	0.715	0.153
仪器仪表制造业	0.729	0.337	1.058	0.023
工艺品及其他制造业	1.387	2.331	0.717	0.360
电力、热力生产和供应业	308.162	77.101	5.071	15.846
燃气生产和供应业	12.770	9.554	1.291	0.979
水的生产和供应业	2.184	0.666	21.009	1.739

数据来源：根据历年《中国环境统计年鉴》和《中国统计年鉴》的数据计算而得。

（三）工业污染物排放的地区层面特征

就地区维度而言，表2-19和表2-20描述出了各省份工业污染物排放情况。它们分别是各省份工业污染物排放量、各省份工业污染物排放强度。由于工业固体废物排放量数据很不完整，表中将不对该污染物做具体描述。

从工业污染物排放量的均值来看，在2006~2015年，工业二氧化硫排放量最高的省份为山西、山东、河北、河南、内蒙古等地；最低的省份为北京、上海、海南、青海、天津等地。工业烟（粉）尘排放量最高的省份为山西、河北、河南、辽宁、湖南等地；最低的省份为北京、上海、青海、海南、天津等地。工业废水排放量最高的省份为广东、广西、江苏、浙江、山东等地；而最低的省份为北京、贵州、海南、青海、甘肃等地。由此可以看出，海南省、青海省、北京市这三地是各种污染物排放量都较低的地区，而山西省、河南省、河北省、山东省等地则是各种污染物排放量都较高的地区。

表 2-19 2006~2015 年分地区工业污染物排放量均值

地区（代码）	工业二氧化硫排放量均值（万吨）	工业烟（粉）尘排放量均值（万吨）	工业废水排放量均值（万吨）
北京（01）	6.558	3.518	8988
天津（02）	21.290	6.626	20261
河北（03）	119.311	99.568	118799
山西（04）	114.246	105.080	43944
内蒙古（05）	125.639	64.716	32399
辽宁（06）	98.228	68.704	84450
吉林（07）	32.921	32.421	40373
黑龙江（08）	41.528	47.175	43179
上海（09）	25.905	5.593	44006
江苏（10）	104.796	50.988	254857
浙江（11）	68.600	32.633	192939
安徽（12）	48.965	48.600	70474
福建（13）	39.209	24.394	132388
江西（14）	52.101	41.208	68894
山东（15）	151.284	58.238	178866
河南（16）	124.448	78.084	136898
湖北（17）	56.620	37.823	92849
湖南（18）	65.928	68.698	96388
广东（19）	98.144	38.414	200686
广西（20）	72.766	54.494	143359
海南（21）	2.673	1.548	6638
重庆（22）	58.956	22.551	53932
四川（23）	92.079	41.154	94174
贵州（24）	81.035	26.771	16532
云南（25）	50.714	28.076	37222
陕西（26）	77.916	41.850	43231
甘肃（27）	45.555	19.050	17457
青海（28）	12.828	13.381	8127
宁夏（29）	33.844	17.460	19386
新疆（30）	57.706	46.260	25902

数据来源：历年《中国环境统计年鉴》。

由表2-20可以看出，2006~2015年，考察工业污染物排放强度均值，工业二氧化硫排放强度最高的省份为内蒙古自治区、新疆维吾尔自治区、贵州省、宁夏回族自治区、山西省等地，最低的省份为北京市、上海市、天津市、广东省、江苏省等地；工业烟（粉）尘排放强度最高的省份为青海省、宁夏回族自治区、山西省、新疆维吾尔自治区、贵州省等地，最低的省份为上海市、北京市、天津市、广东省、江苏省等地；工业废水排放强度最高的省份为宁夏回族自治区、福建省、广西壮族自治区、湖南省、重庆市等地，最低的省份为北京市、山东省、天津市、上海市、宁夏回族自治区等地。显然，与工业污染物排放量的规律有所不同，工业污染物排放强度较高的地区多为经济欠发达省份，而工业污染物排放强度较低的地区多为经济发达省份。这表明，经济发达的省份单位工业增加值产生的污染物排放量较低，而经济欠发达的省份则相对较高。

表2-20 2006~2015年分地区工业污染物排放强度均值

地区 （代码）	工业二氧化硫 排放强度均值 （吨/亿元）	工业烟（粉）尘 排放强度均值 （吨/亿元）	工业废水 排放强度均值 （吨/亿元）
北京（01）	5.779	3.074	0.764
天津（02）	14.898	4.740	1.440
河北（03）	48.421	40.008	4.831
山西（04）	108.209	106.595	4.147
内蒙古（05）	137.539	71.815	3.226
辽宁（06）	36.427	27.070	3.166
吉林（07）	33.552	36.758	4.062
黑龙江（08）	50.644	57.961	5.044
上海（09）	10.294	2.060	1.662
江苏（10）	14.569	7.304	3.508
浙江（11）	15.962	7.661	4.416
安徽（12）	38.565	41.914	5.443
福建（13）	21.898	13.816	7.324

续表

地区 （代码）	工业二氧化硫 排放强度均值 （吨/亿元）	工业烟（粉）尘 排放强度均值 （吨/亿元）	工业废水 排放强度均值 （吨/亿元）
江西（14）	54.612	47.836	7.071
山东（15）	21.895	8.673	2.475
河南（16）	45.725	31.819	4.778
湖北（17）	37.598	28.032	5.940
湖南（18）	51.850	64.242	7.280
广东（19）	14.474	5.799	2.913
广西（20）	90.166	72.106	16.960
海南（21）	22.021	14.217	5.749
重庆（22）	93.909	38.328	9.542
四川（23）	58.167	29.396	6.103
贵州（24）	228.566	76.815	4.093
云南（25）	87.857	50.364	6.531
陕西（26）	92.244	51.714	5.120
甘肃（27）	106.442	47.380	4.029
青海（28）	105.963	111.526	6.579
宁夏（29）	210.046	106.935	12.497
新疆（30）	108.973	88.452	4.986

数据来源：历年《中国环境统计年鉴》和各省份统计年鉴计算而得。

以2013年为例，可以得到如图2-19、图2-20和图2-21所示的柱形图。从这些图中可以看出，东部地区的工业污染物排放强度明显较低，而中西部地区的工业污染物排放强度明显较高。

将各省份按照东中西部地区和八大经济区分别进行划分后，可以得出表2-21和表2-22所示的工业污染物排放强度均值。从表2-21和表2-22可以明显看出，普遍意义上经济越发达的地区，其各项工业污染物排放强度越低。这也在一定程度上表明，不同地区的工业在发展阶段和发展模式上正处于不同的时间节点。

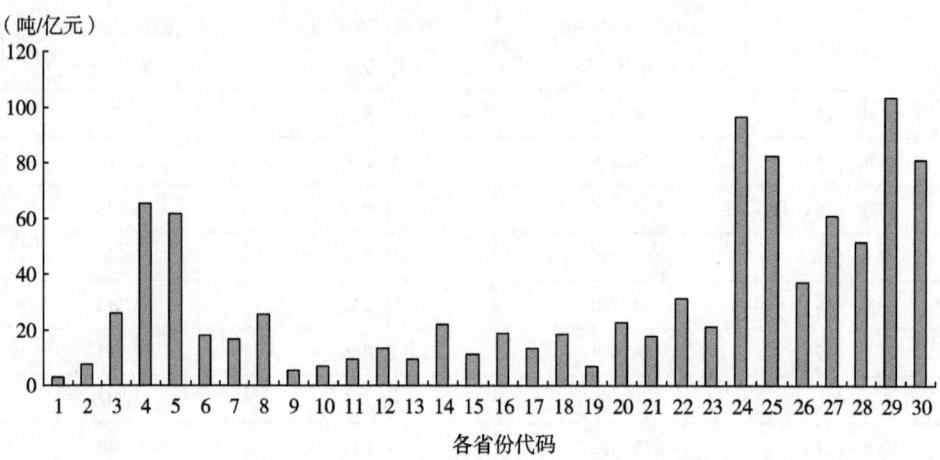

图 2-19　2013 年各省份工业二氧化硫排放强度

数据来源：历年《中国环境统计年鉴》及各省份统计年鉴的数据计算而得。

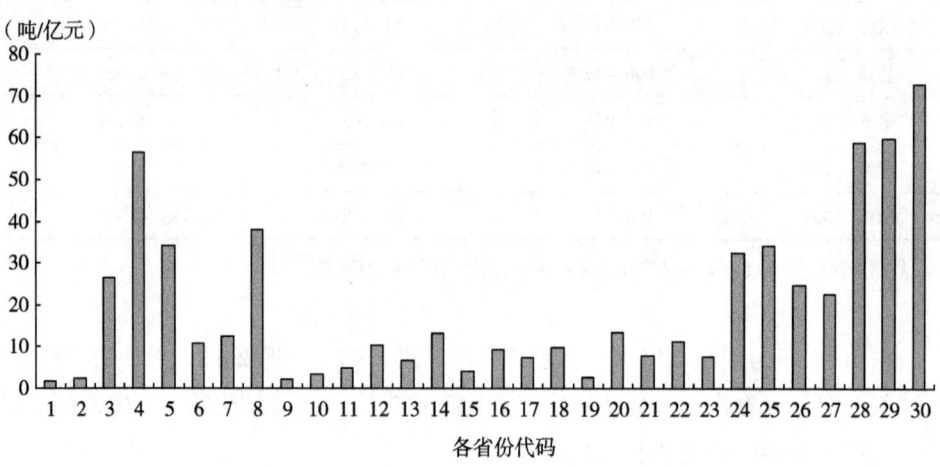

图 2-20　2013 年各省份工业烟（粉）尘排放强度

数据来源：历年《中国环境统计年鉴》及各省份统计年鉴的数据计算而得。

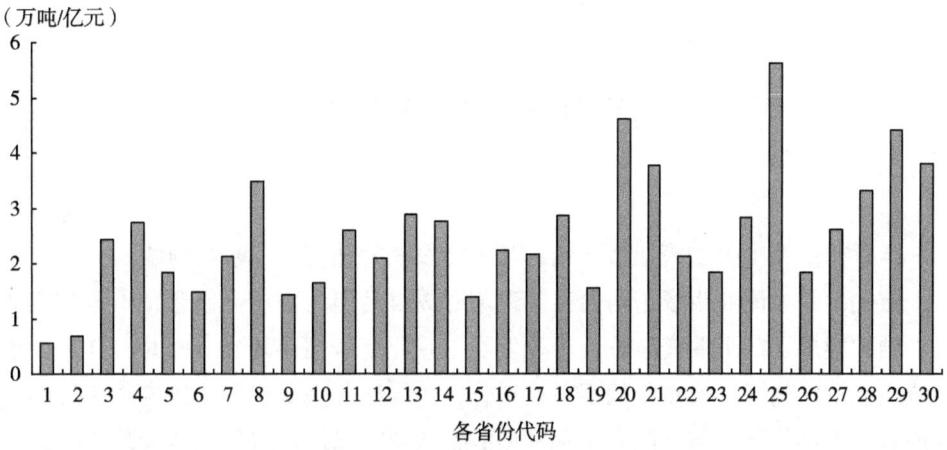

图2-21 2013年各省份工业废水排放强度

数据来源:历年《中国环境统计年鉴》及各省份统计年鉴的数据计算而得。

表2-21 东中西部地区的污染物排放强度情况

地理分区	工业二氧化硫排放强度均值(吨/亿元)	工业烟(粉)尘排放强度均值(吨/亿元)	工业废水排放强度均值(万吨/亿元)
东部地区	20.60334	12.22026	3.476977
中部地区	52.59441	51.89463	5.470766
西部地区	119.9882	67.71186	7.24225

表2-22 八大经济区的污染物排放强度情况

经济分区	工业二氧化硫排放强度均值(吨/亿元)	工业烟(粉)尘排放强度均值(吨/亿元)	工业废水排放强度均值(万吨/亿元)
东北经济区	40.208	40.596	4.091
环渤海经济区	27.344	17.663	2.858
泛长三角经济区	19.848	14.735	3.757
南部沿海经济区	37.140	26.485	8.237
湘鄂赣经济区	48.020	46.703	6.764
西南经济区	117.125	48.726	6.567
北部高原经济区	130.896	76.888	5.804
新疆—青藏高原经济区	107.468	99.989	5.783

第四节 本章小结

本章初步就中国物流业市场结构与工业发展特征进行了事实刻画。

首先，就物流业市场结构而言，改革开放以后引入物流业概念，中国物流业市场结构经过了四个演变阶段，产业发展与企业竞争相伴渐强。同时，众多中小物流企业不断涌现，市场份额不断被瓜分，传统国有企业转型的物流企业虽仍拥有绝对的市场优势，但低度集中寡占型的物流业市场结构特征没有大的改善。从地区特征来看，中国物流业市场结构存在着较强的区域差异，各经济区之间的物流业集中度差距虽逐渐虽小，但持续下降，表明市场竞争处于低水平的竞争状态且更为激烈，低层次的市场均衡状态依然持续。

其次，就工业发展而言，从产业增长来看，在考察期内，产业增长最快的是黑色金属矿采选业、燃气生产和供应业、工艺品及其他制造业、木材加工和木、竹、藤、棕、草制品业橡胶与塑料制品业等。按新企业形成和企业规模增长分解后，木材加工和木竹藤棕草制品业、橡胶和塑料制品业等是新企业形成最快的。从中国工业技术创新近年来的情况来看，其创新水平随时间变化而不断提升，处于创新顶末两端的分别是高新技术产业和资源采选业，其他产业则位于二者之间；同时，无论是用何种表征方式，经济发达地区的工业技术创新水平都没有被经济欠发达地区所超越。从工业"三废"来看，各排放量在时间维度上的变化模式不尽相同，但排放强度基本均呈现不断下降；同时，有色金属矿采选业、非金属矿物制品业、黑色金属冶炼和压延加工业等重化工产业的工业污染物排放量和排放强度都较大；此外，在工业污染物排放的地区维度上，就排放量而言，山西省、河南省、河北省、山东省等地则是各种污染物排放量都较高的地区。就工业污染物排放强度而言，经济越发达的地区，其各项工业污染物排放强度越低。

综合前面的结论可以发现，中国物流业集中度整体偏低，相较而言，物流业集中度高低与产业增长速度的快慢、技术创新水平高低同向发展。而与工业"三废"强弱反向发展。那么，较低（高）的物流业集中度是否抑制（促进）产业增长、技术创新和提高（降低）工业"三废"强度呢？有鉴于此，从下面的作用机制进行细致刻画，从实证部分获得验证支持就成为释疑的必要。

第三章
物流业市场结构对中国工业发展的影响：理论分析

本章将采用理论方法，在结合理论原理基础上进一步从现实的角度来分析物流业市场结构对工业发展的影响。物流业所涉及的内容是经济活动的重要组成部分，其是现代经济发展的必然产物，已经成为覆盖范围最为广泛的产业。对于中国而言，自改革开放以来，虽然获得了空前的经济发展水平，且物流业对工业发展的重要作用也已经形成了普遍共识，但物流业对工业发展的影响存在区域、行业差异也是不可忽视的事实。普遍上，物流业在经济发展中会扮演优先发展的角色，物流系统的不协调无法推卸制约经济发展的命运。较低的物流业集中度可能使物流系统的物流能力和物流效率无法有效地匹配多层次的工业企业需求，从而带来了对促进工业产业增长、技术创新和降低工业"三废"的抑制作用。因此，下面将从这三个方面依次进行剖析解惑。

第一节 物流业市场结构与中国工业发展二者关系

一、物流业与工业的关系

本质上，物流业与工业之间是生产服务与行业经济发展的关系，因派生而独立，因融合而关联。中国一直以来都是农业大国，但不可否认的是，没有强大的工业，就无法实现提升综合国力和增强国际竞争力的愿望。随着中国产业转型升级和转入经济新常态，中国工业大而不强、质量效益等方面的问题更加突出，加之"一带一路"倡议指引，更需要在产业变革中强化产业协调式的跨越发展，以便在推进质量发展的过程中实现第二产业高级化。实际上，工业（第二产业）是国民经济的核心产业，学者日益重视和关注与其发展相关的生产性服务业。物流业虽为派生但已然成为最优先发展的产业之一，其不仅能有效地保持国民经济顺利运行，且能促进或推动工业成长阶段的快速推进。工业与物流业互为生产因素、互为服务对象，二者相互促进，共同发展，可以说，发展工业需要物流业的相伴而行。滞后发展的物流业也必将阻碍工业产业的推进升级，从而影响工业发展质量之路。虽然物流业与第二产业之间存在长期均衡相关，但其对第二产业的影响有限，这是因为物流业与工业的联动融合还属于松散状态，物流业自身运作模式的重组、改造、提升还没有得到良好的培育发展。张婷（2012）利用中国中部地区的省际面板数据所进行的实证研究有力地证明了这一点，其更为详细地指出，物流能力和物流效率的低下、物流业与第二产业关联度较低造成了物流业发展速度明显滞后于工业发展的速度，从而难以实现物流业对工业化进程所应该具有的显著推动。

诚然，随着信息技术的不断成熟和经济"软化"现象的加深，经济增长新动能的关键词是融合发展，更是发展质量的现实选择。在理论研究上，物流业与工业之间的关系并无定论，从融合视角概况来看，物流业与工业存在三种典型的关系：一是传统工业直接置换成物流业的置换融合关系，最典型的就是物流业取代被淘汰的传统制造业；二是物流业向工业渗透、融合，并逐渐形成新型的关联关系，最典型的就是基于电商平台的物流业对传统工业的渗透；三是物流业向工业延伸的延伸融合关系，最典型的就是物流业向工业的产前、产中和产后各环节全方位的渗透。此外，随着新型城镇化的劳动力聚集，也产生了工业与物流需求的"双聚集"现象，但工业聚集需要的不是落后粗放型的物流供给，而是要求完善的多层次物流服务体系为工业聚集提供有力的支撑。从经验研究层面，学者们更多地倾向于研究物流业对工业的影响，如江静、刘志彪和于明超（2007），冯泰文（2009）等。现有文献在对物流业和工业关系进行研究时大多忽视了部门内部的自身发展，或许因为研究者尚未找到合适的方法来处理这种问题。

二、物流业市场结构与中国工业的关系特征

从关系上来看,物流业与工业属于供应方与需求方,且分处于不同的产业链环节,这样"为我而忘物"的状态导致彼此呈现松散的联结关系,融合度较差,尤其是在产业融合的趋势下,更带来了供需双方结构性的矛盾,无法实现"物我合一"式的紧密联结。从发展现状及趋势来看,物流业市场结构与工业具有以下关系特征:

（一）物流专业化的扩张与工业的协同发展

物流业是促进工业部门发展的过程产业,它作为投入直接为工业生产过程提供专业的中间服务。由于这一投入出现在生产的各个环节,根据发达国家的经验,产品在生产和流通领域的时间占比为1:19,该占比所创造的价值已经超过物质生产过程所创造的价值。若要达到这样一个效果,就要加快工业生产与物流服务的匹配融合。从功能上看,供需双方的利益诉求把两个主体的功能捆绑在一起,不再仅仅是简单、独立的工业生产和物流服务,更是根据各方的比较优势,以工业生产为中心形成有机的物流服务供需链,利用供需链的计划、集成、控制等功能,物流业通过合理的市场结构对多样化和柔性化的工业生产方式提供功能嵌入式服务供给,这是供需功能质的提升。换言之,供需链是供需双方在生产的各个环节进行更多的专业化匹配,形成互补互动的产业群,这是供需链形成的内在驱动力,更说明在现代经济中,物流业摆脱简单的吸纳剩余劳动力的规模发展方式,而是与工业形成投入—产出相辅相成的结构形式。

（二）物流有效竞争的实现与工业的协同发展

物流服务本身是一种产品。根据产业经济研究的基本观点,物流业作为独立的行业,无论从功能还是从范围来看,其所提供的服务都具有单一供给属性。而随着工业的发展和产业间关联增强,作为需求方的工业物流需求趋向于多样化,这就要求物流业提供的服务应具有多重供给属性,即从功能上要超越相对简单的物品移动需求,从范围上要跨越多产业部门,从而促使物流企业在市场结构上进行分层供给,避免同层物流企业数量过度增长（或过于单一）而形成恶性竞争（或垄断）。物流业作为服务的提供方,应该根据服务需求方的实际需求对自身

结构做出调整，形成具有一定层次性和结构性的高、中、低三个供给服务群。从需求方出发，同是物流企业可为不同的工业需求市场提供多属性的物流服务供给，完全不具有竞争关系，以此更好地实现供需匹配。

（三）物流市场份额的提升与工业的协同发展

物流企业的供给能力能否与工业发展的需求相匹配是企业建立竞争优势的起点。从市场份额占有率来看，物流服务的市场竞争力取决于服务的供给效用属性与工业需求效用的匹配程度，物流服务效用属性与工业需求效用越重叠，即匹配度越高，说明供给效用越好，需求满足度越强，那么市场份额占有率也会越高。扩大重叠区域，不仅能同步提升，也能形成一种新的供需环境，从而在创造更大附加价值的同时，提高市场份额占有率。要想扩大这种重叠区域，不是工业生产的产前、产中、产后与物流的"五流"简单静态对接，而是要通过物流业企业的动态调整，让工业生产的各环节在增值性、创新型物流业务中获取与转化，在达到工业各环节需求价值与物流企业供给价值比例相对称的基础上，从而能实现物流业市场份额的提升及两者间变动的均衡，创造"1+1＞2"的经济与非经济价值效果。

当然，从发展的视角来看，物流业市场结构与中国工业的关系并不是静止不变的，不同的工业部门、工业的不同发展阶段都需要适宜的物流业市场结构来加以匹配，显然存在着差异性和动态性。纵观发达国家的经济发展史，在工业增长的不同时期和阶段，它们的工业部门在同其他产业各部门的联系中逐步产生了不同主导类型的工业部门，若该工业部门与物流业形成了后向关联型（即一个工业部门与它的供应者的关系）的主导产业，那么这是源于产业关联度强弱的考量而形成的最佳战略选择。但就中国而言，并不是所有的工业行业都会成为主导部门，物流业市场结构对工业发展而言也就不具有唯一的选择性与最优化，使物流业市场结构与工业发展无法有效同步。因此，在中国各地区工业发展水平不同、主导产业的战略选择不同、物流业发展程度不同，以及在现有的资源配置约束条件下，对工业发展而言最优物流业市场结构选择具有极大的复杂性。

三、物流业市场结构对中国工业产业增长的影响

随着国民经济的发展，物流业的发展对产业结构调整的积极作用已得到广泛

认可。物流业作为一个经济全球化和社会分工深化的产物,这是工业化进程中的一个不可或缺的服务模式,产业的波及效应和关联也是工业化推进的重要源泉。实际上,若仅考虑物流业市场结构自身特征,不同的物流业市场结构各有优劣。在完全竞争市场尤其是过度竞争市场结构条件下,物流企业能通过横向一体化、并购重组等方式适度提高行业的集中度、实现规模经济带动的经营能力和效率的提高;同时,物流需求方所可能产生的道德风险和逆向选择行为,能够被具有较强垄断势力的物流企业进行有效甄别。此外,物流业市场结构在垄断条件下,物流供需双方更易于形成长期契约关系,甚或是纵向一体化的关系,从而提升彼此供需的质效。这些都有利于物流发挥产业融合所带来的范围经济增强。然而,该市场结构条件下,不可避免地也存在一定缺陷,如由有效竞争不足所引致的涉及服务各方面的动力不足,加之垄断物流企业在最大限度地增进自身效用的同时可能会仅维持原有的服务,并采用高市场价格策略,必然带来社会福利的损失,上述种种都使具有中介性质的物流功能弱化,市场结构的过度竞争性有损于产业增长。

在竞争的条件下,物流企业在巨大压力下被动承受经营效率和技术进步的变革,处于竞争劣势的物流企业自动被市场淘汰,进而促进了"优胜劣汰",有利于整个物流业风险的降低;竞争也使工业企业能够突出主业、减少库存,从而降低了成本、增强了市场竞争能力,进而有效提高了工业企业的运行质量,这些都保证了资本积累后的产业增长。但在该市场结构条件下,也会因为物流企业的过度进入和非最佳行业企业规模水平,从而使规模经济无法得以有效形成。此外,竞争性条件约束下的物流供需双方,根本没有动力形成纵向一体化关系,更缺乏甄别优劣的能力,增大了道德风险和逆向选择出现的概率。这些又引发物流中介效率的低下,进而阻碍产业增长。

因此,两面性是不同条件状态下物流业市场结构对产业增长影响的典型表现。但在分析物流业市场结构的经济影响时,要考虑其内生于一定的经济形态,不能将二者关系割裂,不同的经济形态造就不尽相同的物流业市场结构。根据德国经济学家赫尔希曼提出的"不平衡增长理论",他主张在发展中国家先要优势产业和优势地区先行发展,这样可以解决经济要素稀缺性带来的困扰。依据赫尔希曼的理论和我国区域工业发展水平、技术和人力资源等实际情况,我国学者提出了梯度推进理论,即我国的经济发展应率先发展东部地区,然后由东向西推进,进而实现区域间产业技术迅速而有效的推移。显然,物流业发展也要遵循从沿海向内陆逐步扩散和发展这一趋势，以便与我国区域经济发展中梯度推进战略相吻合。

根据肖兴志、彭宜钟和李少林（2013）对最优产业结构的界定①，要实现物流业市场结构与其他产业的聚合质量就要提升结构平衡度，才能有效地发挥其中介功能。一个经济体在不同经济发展阶段优势不同，加之要素禀赋结构的差异，这就给企业特征标注了产业竞争力、技术结构和自发能力方面的典型差异。对于具有后发机会的经济体，其经济要素以劳动密集型的中小企业的劳动力为主，而现实的无奈是物流需求规模的不足、基础设施建设的滞后、信息的非透明。不同的是，人力资本是发达经济体要素禀赋结构特征，即企业规模较大，也具有较大的物流需求规模，但所呈现的是资本丰富、劳动力短缺的困扰。因此，欠发达经济体的物流系统安排应是基于低廉交易成本基础上，服务对象为劳动密集型中小企业，而发达经济体的物流系统安排应是基于有效分散风险为基础，服务对象为大型企业。具体到物流业，能满足较大物流需求规模的跨国公司或少数国内大型物流企业，更适于开拓并满足物流高端市场，并与规模工业企业形成纵向一体化的关系，进而利用比较优势为规模工业企业提供物流服务；而规模较小的物流企业虽然难以提供专业化的物流服务，但在低端物流市场上具有较强的物流服务比较优势。结合比较优势、发展阶段经济结构的不同，在经济发达地区，应着力优化物流业产业结构，扶持和组建大型物流企业，而在经济欠发达地区应着力以信息化为载体，加速物流网络基础群建设。据此，物流业市场结构才有可能找到经济结构需要的最优平衡状态，也才可能成为经济形态变迁中的经济引擎。

近年来，持续提高的经济发展水平并没有改变中小企业占据主体地位的要素禀赋状况。另外，由于区域发展不平衡，物流企业数量虽然众多，但企业平均规模较小，加上地区之间物流水平存在差距，导致其整体的专业化和社会化程度较低，这样的物流业市场结构现状则对其他产业的增长产生阻碍。同时，要素禀赋结构的不断动态变化，促使物流业市场结构最优水平调整变动，其对产业增长的影响同样也随之调整。考虑到加剧的市场竞争、需求的多样性与动态性，以及分

---

① 肖兴志、彭宜钟和李少林认为，所谓的最优产业结构就是能够同时实现以下目标的产业结构：其一，各个产业在生产过程中都对生产要素进行了充分的有效配置；其二，各个产业对生产要素的需求和使用量都达到了利润最大化目标所要求的最大限度（唯其如此，就业也才会实现最大化）；其三，各个产业所选择的产量都能实现自身利润的最大化；其四，代表性行为人按照跨期（两期）效用最大化原则来安排每一种产品的消费和投资（意味着社会不存在过度消费，也不存在过度投资）；其五，每一个产业的产出在被消费和用于再生产之后没有剩余（即微观单元的储蓄总额正好同全社会的投资需求完全匹配）。

散化的生产、增加的物流复杂性和成本与风险等多种因素,工业企业越来越倾向于与生产相结合进行产业链整合和延伸,即将物流活动外化。随着工业化的发展,作为生产服务和中介服务的物流业在工业的中间投入和产业链延伸中所占比重将越来越大,工业服务化趋势也将会越来越明显。物流已经成为工业企业供应链的重要组成部分,这样的分工提升了工业核心竞争力,并大幅提高生产效率,对工业的运营效率具有至关重要的影响。可以说,物流业会为工业转型升级提供良好的外部条件,其是工业提高生产率的基础。然而,Neely(2008)也指出,随着服务化的深入,工业有可能陷入服务"陷阱"。这是因为服务活动规模与利润水平之间呈现非线性正相关,服务商业模式创新是利润持续增长的关键(Ivanka,2012a),而且服务广度和服务深度对绩效影响不同,服务广度增加并不能增加利润,而服务深度扩展,则会增加市场价值和企业利润(Ivanka,2012b)。

四、物流业市场结构对工业技术创新的影响

工业企业创新的根本驱动力是创新带来的潜在利润,从需求角度来看,创新利润很大程度上取决于一系列与企业所在产业的市场结构密切相关的外部条件,如市场集中度。冯春晓(2009)指出,各产业的技术创新并不是孤立的,在一定程度上是供需或互补的关系。物流业作为工业发展的一个重要中介支持,其在很大程度上影响着工业企业的战略决策环境与模式,决定着企业获取潜在利润的能力,从而影响工业企业的创新行为。

作为经济发展进入新常态、工业发展不均衡的一个转型经济体,按所有制性质来看,国有企业和非国有企业这两种迥异的企业,会因生产效率的错落层次处于截然不同的创新效率的差别化状态。基于中国经验的研究共识,非国有企业的创新效率要高于国有企业。就中国工业规模以上国有企业而言,资源优势的占强性使其创新活动在整个经济层面产生了重要作用。就创新投入与产出而言,非国有企业的研发投入和创新产出均居于国有企业之上,显示出严重缺乏技术创新动力的国有企业现状,如表3-1和表3-2所示。

那么,为什么会出现创新效率较低的是国有企业呢?从理论上讲,在需要不断创新领域的扩张,政府会扮演着阻碍创新和阻碍知识增长的角色,国有企业的经营者通常缺乏创新投资的动力和降低成本的激励,因此,在创新激励和削减成本方面,国有性质的企业通常劣于非国有的。当然,由于技术创新市场具有较强

表 3-1　不同所有制类型企业的创新投入情况　　　　　　　单位:%

注册类型	有研发机构企业比重	有研发活动企业比重	R&D人员比重	R&D经费/主营业务收入	R&D内部支出中政府资金比重
国有企业	23.8	28.5	3.5	0.77	7.5
集体企业	11.2	11.2	1.2	1.03	1.7
股份合作企业	24.0	26.3	3.0	1.26	2.7
国有联营企业	13.3	26.7	4.6	1.40	0.6
国有独资企业	46.8	51.4	4.5	1.62	5.6
股份有限公司	53.2	51.1	5.7	1.36	5.1
国有及国有控股企业	35.8	39.5	4.1	1.12	6.3
私营企业	26.3	25.1	2.2	0.69	2.9
港澳台商投资企业	22.2	23.6	2.1	0.81	2.0
外商投资企业	23.0	25.6	3.0	0.79	2.0

数据来源：李占芳，许静. 不同所有制企业的创新差异研究 [J]. 改革与战略, 2015 (3): 46.

表 3-2　不同所有制类型企业的创新产出

注册类型	新产品收入/总收入比重（%）	新产品收入/R&D人员（万元）	百人专利申请（件）	百人发明专利申请（件）	百人有效发明专利（件）
国有企业	11.7	336.8	7.7	2.7	3.7
集体企业	21.1	1032.5	16.3	7.3	6.6
股份合作企业	15.4	372.3	9.6	3.2	3.3
国有联营企业	20.9	510.0	0.8	0.3	1.0
国有独资企业	17.9	316.5	5.8	1.9	2.5
股份有限公司	20.1	390.9	13.4	6.0	8.8
国有及国有控股企业	18.3	383.7	7.8	3.3	3.6
私营企业	13.0	387.8	18.1	4.1	6.0
港澳台商投资企业	14.3	351.4	13.0	3.9	6.9
外商投资企业	22.0	699.9	11.5	5.2	6.2

数据来源：李占芳，许静. 不同所有制企业的创新差异研究 [J]. 改革与战略, 2015 (3): 46.

的不确定性和风险特征，绩效水平难以衡量，因此形成了长期的单向"指导式"的策略性激励激励和技术创新偏好，这难以从根本上调动研发积极性。由于公有产权属性，经营者从法理上不占有所有权，造成剩余索取权与剩余控制权在创新中的搭配价值失配，也就不能将创新优势转换为市场优势，从而就不可避免地存在"双效"（生产效率和创新效率）损耗。相反地，具有市场竞争、产权结构优势的非国有企业，会在持续保持竞争力的同时，又尽可能对资源配置进行有效优化，这样创新效率将趋高。显然，企业性质对技术创新是有影响的，仅创新行为的表现有差别而已。按照熊彼特的观点，垄断竞争或寡占的市场结构更有利于技术创新。然而，物流业市场结构主要依赖其他更基本的因素内生决定对工业技术创新的间接影响，如体制机制、产业间的供需、产业间的价格机制、技术机会、资本市场等。就目前的情况来看，部分领域（如铁路运输）的行政垄断格局仍没有完全打破，部分领域（如公路货运行业）虽开放较早，但市场化程度并不高，物流业市场准入机制不完善，统一市场没有形成，因此，无法通过新技术应用和知识传播来实现参与工业技术创新的重要作用。

基于以上分析，非国有企业在我国更具创新性。拥有较强的市场控制力、创新收益权和创新控制权严重不对称的国有企业部门将更多的物流要素进行了寡占，进而影响了技术创新效率在整个工业部门的发挥。因此，冯春晓（2009）认为，随着经济增长方式从资源资本要素型向知识技术创新型转变，物流业可以作为工业在发展技术创新能力方面的主要外部获取源，二者进行知识联盟，可以实现工业技术创新的超常规发展，即采取纵向合作，共同应对本产业链上的薄弱环节，实现创新的市场化。

五、物流业市场结构对工业污染物排放的影响

本质上，物流业市场结构对工业减排的影响是考证对工业"三废"的影响是正还是负之问题。因此，本部分将对物流业市场结构对工业污染物排放的影响进行理论上的直接分析；同时，对工业污染物排放采用排放强度而非排放量来描述。

构建有关排放强度的因素分解模型，以此来分析物流业市场结构对工业污染物排放的影响。因素分解模型是工业污染物的能源效率和碳排放量的一种常用方法，学者们普遍使用该分解方法就驱动因素和变化特征进行相应的分析。不同的

方法可以分解出不同类型的工业"三废"的影响因素,如格罗斯曼和克鲁格(1991)将工业"三废"分解成规模效应、技术效应和结构效应①;同样,黄菁(2009)也运用此方法对中国问题进行了研究②。而陆文聪和李元龙(2010)则在原有的分解方法之上,多增加了一个治理效应③。但上述有关工业污染物排放的研究模型,将重点放在排放总量和人均排放量上,而本书则关注工业污染物排放强度的因素分解模型。

以下均针对工业全行业污染物而言。设 I 为"三废"强度,E 为"三废"量,第 i 个工业行业的"三废"量为 E_i,Y 为总的工业增加值,第 i 个工业行业的工业增加值为 Y_i,则全部"三废"强度表示为:

$$I = \frac{E}{Y} = \frac{\sum_i E_i}{Y} = \sum_i \left[\frac{E_i}{Y_i} \times \frac{Y_i}{Y}\right] = \sum_i e_i y_i \tag{3-1}$$

式中,第 i 个工业行业的"三废"强度为 e_i,因"三废"强度在不同工业部门的差异性,因此 e_i 也为强度效应,某工业部门的排放强度与其强度效用表现一致;第 i 个工业行业的增加值在总的增加值中所占比重用 y_i 表示,因其体现了内部的产出结构,故称为产业结构效应。

由式(3-1)可知,强度效应与产业结构效应将直接影响总排放强度。

假定工业全行业第 t 期的排放强度用 I^t(t=0,1,2……)表示,基期的排放强度用 I^0 表示,则由式(3-1)有式(3-2):

$$I^t = \sum_i e_i^t y_i^t$$
$$I^0 = \sum_i e_i^0 y_i^0 \tag{3-2}$$

分解 I^t:

$$I^t = \sum_i e_i^0 y_i^0 + \sum_i e_i^0 (y_i^t - y_i^0) + \sum_i y_i^t (e_i^t - e_i^0) \tag{3-3}$$

则表达"三废"强度的变化为式(3-4):

$$\Delta I = I^t - I^0 = \sum_i e_i^0 y_i^0 + \sum_i e_i^0 (y_i^t - y_i^0) + \sum_i y_i^t (e_i^t - e_i^0) - \sum_i e_i^0 y_i^0$$

---

① Grossman G. Krueger A. Environmental Impacts of a North American Free Trade Agreement [R]. Paper Prepared for the Conference on United States – Mexico Free Trade Agreement,1991.
② 黄菁. 环境污染与工业结构:基于 Divisia 指数分解法的研究 [J]. 统计研究,2009(12):68-73.
③ 陆文聪,李元龙. 中国工业减排的驱动因素研究:基于 LMDI 的实证分析 [J]. 统计与信息论坛,2010(10):49-54.

$$= \sum_i e_i^0(y_i^t - y_i^0) + \sum_i y_i^t(e_i^t - e_i^0) \qquad (3-4)$$

由式 (3-4), 可以分别用以下两部分对限期内的"三废"强度变化来度量：

$$\sum_i e_i^t(y_i^t - y_i^0) \text{ 和 } \sum_i y_i^0(e_i^t - e_i^0)$$

则以上两部分对排放强度变化量的贡献额分别为：

$$I_y = \frac{\sum_i e_i^0(y_i^t - y_i^0)}{\sum_i e_i^t y_i^t - \sum_i e_i^0 y_i^0}$$

$$I_e = \frac{\sum_i y_i^t(e_i^t = e_i^0)}{\sum_i e_i^t y_i^t - \sum_i e_i^0 y_i^0} \qquad (3-5)$$

其中，产业结构效应、强度效应的贡献额分别表示为 I_y、I_e。

由上可知，工业"三废"强度变化会因产业结构效应和强度效应变化而产生变化。工业污染物排放强度提高，则说明强度效应增大；反之，排放强度降低，表明高"三废"强度的细分行业比重下降。

第二节 物流业市场结构对中国工业产业发展影响的本质特征

整体上，在中国物流业市场结构中低集中寡占型仍是现状。但不可忽视的是，中国物流业市场存在着明显的"二元结构"，即高端市场的寡占和低端市场的完全竞争并存。鉴于此，下面剖析物流业市场结构对中国工业产业发展影响的本质特征。

半个多世纪以来，经济服务化趋势在全球范围内加速发展，物流业也随之兴起，是社会化需求的基础。物流业作为生产性服务业中时间、空间上相对独立的产业门类，其规模的大小、功能强弱程度决定其在社会经济发展中主导作用的发挥。后工业社会的要素更多是无形的，有形的物质产品不再是产销的主导，且经济本质与服务经济高度吻合。随着发展和变迁，工业就业结构也随之而变，不断下降的工业人口成为主要表现，并向服务业部门转移，表现在空间维度上就是从农村向城市的逐步集聚;与此同时,伴随着世界信息化、现代化、国际分工协作进程以及全球生产和服务网络的构建,使产业的空间疆域不断扩大,也使其空间界限日益模糊。另外,在经济发展过程中的产业变迁,其作为一个动态过程在不同历史区间所包含的范围会随着社会生产力发展而不断拓宽,起关键作用的生产要素也在不断变化,在这种变化中,工业与物流业呈现互相渗透融合,其中既有"工业的服务化",也有"物流业的产业化",即工业产品的生产会融入越来越多的物流服务作为中间投入要素,这也正是工业附加值与结构提升的关键所在。

一、物流业市场结构发展路径

从微观层面上来看,物流业市场结构的变动对相关企业的生产效率和利润水平产生直接影响;从中观层面上来看,物流业市场结构的变化会对供给方和需求方之间的供需平衡程度产生影响,供给方的生产者剩余和需求方的消费者剩余的存在,都会影响到物流业与工业的整体绩效和社会福利水平;从宏观层面上来看,物流业市场结构合理与否将间接影响到国民经济的增长方式和增长速度,进而传导性又影响工业发展。因此,通常来说,因循不同目标的需求,物流业会进行市场结构的优化,以实现其效用的最大化。就本书研究的主题而言,在产业融合的大背景下,物流业与工业之间松散的关系状态决定了中国物流业市场结构的发展路径。

(一)物流业市场集中度继续上升

市场集中度的提高是物流业的一种必然。从范围经济性上来看,当前,物流企业已不再是简单而单一的服务内容提供商,实现范围经济性成为其核心目的。而物流业与工业之间天然存在的"可共享投入"(或"不可分割性")是实现范围经济的前提和基础。伴随工业发展,物流供给的动态调整为培植多能型的大规模物流企业创造了前提,并采取企业间横向或混合并购来增强有效竞争,从而改善物流业市场集中度。这可以从物流业先发展国家与中国物流业市场结构的差异上看出。另外,从整合型企业来看,物流业是高效整合的多子系统活动状态,其竞争力通过有效运行来外化,特别是具有明显市场影响力的企业多是具有整合能力的知识密集型企业。整合能力强的物流企业以先进而前瞻的方式整合多个子系统,在自身不触及任何物质生产或位移服务的情况下,发挥整合协同效应,其较高的企业素质和竞争力足以引领企业间的寡头垄断型竞争,例如少数大型跨国物流企业。

(二) 物流服务的网络联结性增强

产业融合将呈现方兴未艾的状态。从物流服务嵌入工业企业活动来看,虽然物流业是工业企业物流外包的派生产物,与工业之间有着天然的、不可割裂的产业关联性和互动性,但是行业间割裂离散的状态,造成物流服务链的网络性并不强。物流服务是以增强的网络连接性为前提,即采取多元化经营、并购等方式,使物流企业通过嵌入工业企业的生产活动中,企业间资源得以再次整合,这为多个网络的联结创建了前提。其实,服务网络与生产经营网络的有效嵌楔成了企业重要的战略资源,在强化网络性和联结性作用下,给予掌握有形和无形网络资源的企业以相应的垄断能力。这样的企业凭借突出的网络资源优势和较强的甄别能力,使竞争的差异性在各个物流市场上得以凸显。另外,从物流市场来看,物流市场会悄然细分若干个子市场,以前因物流企业众多,且多横跨两个以上的子市场,导致每个子市场竞争相当惨烈。在一定程度上,具有资源优势的少数知识密集型物流企业将初露端倪,因为其可以在每个子市场上甄选战略合作伙伴,并改变竞争格局,其将成为子市场上企业竞争力的主导者和命运决定者。未来,掌握市场支配和领导权的寡头垄断型物流企业与大量的提供专业化服务的物流企业并行联结,它们将各自承担着市场领导者、市场追随者的角色,寡头型与竞争型市场结构并立而生。

(三) 物流业的空间布局长足改善

长期以来,经济发展区域不均衡所派生的物流业非均衡性发展矛盾在我国较为突出,对物流业与工业的协同发展产生逆向作用。未来,从产业发展的模式特征上看,随着物流业从劳动密集型向集约化发展,劳动效率提升驱动物流业发展的基本事实不会改变,但区域间产业发展模式及其阶段的抵近,会促使区域间劳动效率驱动效果的倍数差距缩小,从而使我国物流业的地区间非均衡发展会随时间趋向削减。另外,从发展的驱动效果来看,物流业投资从先发地区逐渐向外扩散,产业重心转移和劳动力投入规模的空间重心轨迹将发生改变,产业从先发地区向后发地区转移成为主要特征,与此同时,劳动力配置也将得到进一步优化,带动劳动效率提升和劳动力地区空间配置能力在不同区域间凸显,这两个方面的差距将缩小,区域间阶段状递减特征逐渐变弱。当然,在此过程中,物流业呈现集聚趋势,且不断向工业企业集聚,即出现二者呈共同集聚态势。从发展趋势上说,物流业区域的非均衡性发展将会大大改善,并有助于劳动力市场共享、中间产品投入的地理邻近和知识技术外溢这三大集聚因素的效应发挥，最终促成以工业发展为内核、多层次市场结构为支撑的物流业空间布局优化。

二、物流业市场结构对工业发展影响的本质特征

以下是本书从四个基本方面所进行的物流业市场结构对工业发展影响的本质特征分析。

（一）产业结构服务化

服务业之所以成为国民经济发展的主导产业，其基础是经营活动为产业活动主导方式。相应地，工业部门的服务化成为一种发展的趋势。大量的以提供物流服务为主的物流企业因技术进步、运行模式创新、需求结构升级和市场竞争的加剧等因素而催生，同时，工业发展中也凝聚了更多无形的物流劳动价值，工业的生产和再生产全过程中日益深度融入了更多的物流活动。

（二）中间投入服务化

生产性服务业为工业供给必要技术、知识和人力资本等中间投入来促其发展。当涉及物流的中间服务投入取代物质投入，成为投入主体并快速增长时，人力资本要素在经济发展的核心动力作用就体现出来了。因分工深化和生产专业化，外部化和市场化的物流业对工业企业的投入业从成本竞争变为差异化竞争；与此同时，节约成本和增加盈利的潜力也由直接生产制造环节转向了附加值更大的物流服务环节。此外，因政治、经济、资源环境和科技等诸多因素导致的新需求带动了物流业的扩张，从而增加了工业对其服务的需求。

（三）价值创造服务化

当产业的核心价值构成从有形产品价值为主向无形服务价值为主发生转变时，就意味着工业价值创造服务化。在现代市场经济中，受市场竞争加剧、资本有机构成提高等因素影响，工业企业的生产环节日趋于价值链的低端，其对企业的利润贡献率越来越低，而无论从宏观还是微观来看，作为中间环节的物流服务则越来越成为企业利润的主要源泉。

(四)最终需求服务化

社会最终需求主要由服务需求所构成,其是最终需求服务化的直接表现。就投资需求而言,科学技术的不断进步促使人力资本投入对物质投入的优化和替代作用增强,工业企业在生产环节的需求服务化带动投资更多地集中于相应的服务环节,投资需求日益服务化。与此同时,在开放经济条件下,国内需求的服务化,也必将带动服务外包规模扩大,进而促进服务贸易的快速发展。

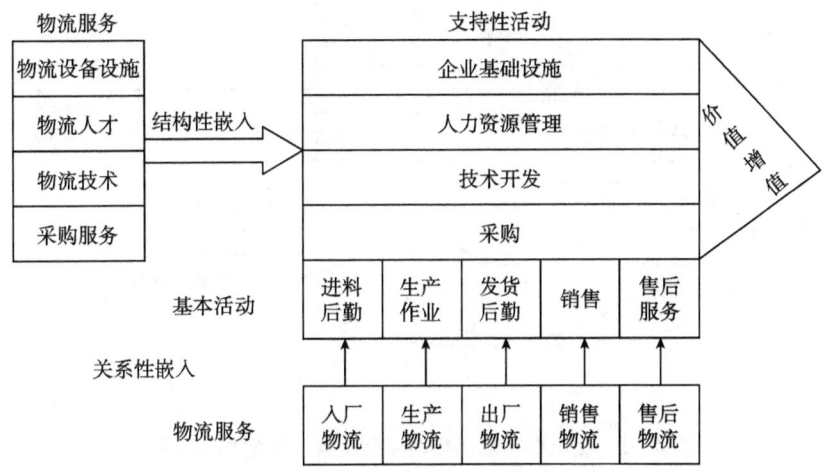

图3-1 物流服务对工业企业的微观嵌入

资料来源:张彤.价值链嵌入视角下的制造业与物流业互动升级[J].中国流通经济,2016(5):20.

总之,从微观视角通过关系性和结构性的嵌入,物流业市场结构在动态调整中提高其服务供给水平,产业的资源配置得到优化,促进工业发展。

第三节 物流业市场结构对中国工业产业发展影响的作用机理

根据 Ronald H. Coase 的企业组织理论,资源配置的两种协调机制分别来自市

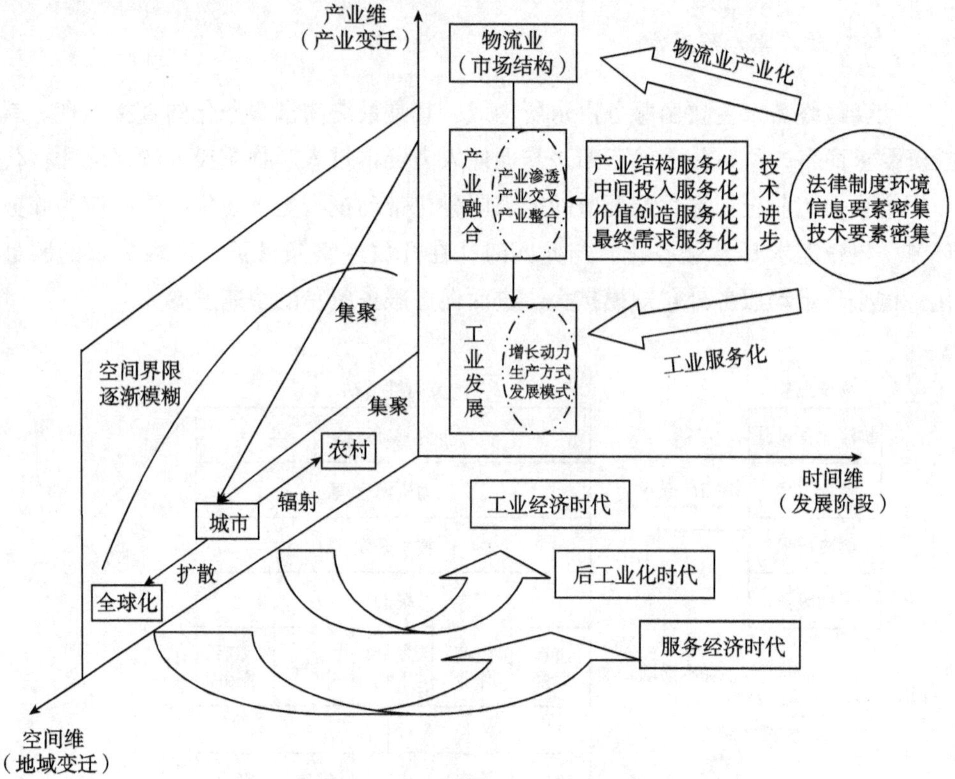

图 3-2 物流业市场结构对中国工业发展的作用机制

场和企业层面,其中价格体系主导市场的资源配置。物流市场是一个开放的经济状态,其对工业发展的重要作用和影响的存在性虽然已经形成了普遍共识,但是各国的经验依然表明,不同国家或地区仍存在明显的差异,作用和影响因素也是多元的。物流业市场结构对工业发展的影响来源于工业服务化的需求,而工业企业通过工业服务化来增加其市场竞争力。本质上,物流业与工业的融合,即由产业渗透、产业交叉和产业整合三部分组成,进而推进工业服务化的实现。而就当前中国现阶段来看,工业发展具体而言是涉及生产率的提升、技术创新和工业减排,但整体来看,主要体现在工业升级,即部门间升级与结构高度化、部门内升级与竞争力提升和发展模式转换。而物流业市场结构对工业发展的影响可以通过多种途径和机理作用于工业,具体来说,物流服务能够通过深化人力资本和知识资本、深化和泛化专业化分工与降低交易成本、促进价值链升级的利润转移、增强技术创新引领与示范效应以及增强物流服务的差异化竞争优势来改变其市场结构,从而支撑工业的发展。本质上,就是物流服务通过关系性和结构性嵌入[①]工业企业价值链中,逐步形成行业规模,最终发展成为产业之间的互动融合。

一、促进人力资本与知识资本的深化

伴随人力资本和知识资本日益专业化,高传胜和刘志彪(2005)研究发现,物流业的发展持续地投入商品和服务的各经营环节中,导致生产过程的运营效率、经营规模以及其他投入要素的生产率不断提高,并增加了其产出价值。可见,要想实现工业快速增长,需要投入更多的人力资本和知识资本,而投入过程的桥梁就是由生产服务业来连接的,其中就包括物流业。因此,物流服务的过程就是资本进入生产的过程,即将社会中日益专业化的知识资本、人力资本导入商品和服务生产的"飞轮"。实质上,将技术和知识物化既是新型资本深化的过程,也是将这种物化运用到技术装备和产品中去的过程,从而通过市场提高其技术、知识含量,并实现较高的产品增加值的过程。中国经济增长方式深水区改革的根本性突破的关键原因之一就是,要充分利用和发挥人力资本、知识资本这些高级生产要素的作用,而不能过分依赖资源、能源和简单劳动力这些初级生产要素,避免导致工业无法实现专业化和精细化。显然,通过对工业资本深化的影响,物流业市场结构对工业生产率及其"三废"排放产生直接或间接的重要影响。实际上,物流业市场结构影响的不仅是生产率,还会影响着资本要素在生产过程中的部门间流动,进而影响中国工业污染物排放的"产业结构效应"。对于中国而言,具有差异生产率的部门之间表现出"资本配置效率"流动之说。物流企业的服务行为和较低的企业规模抑制了资本配置效率的提高。具体而言,资本配置效率的提高会受制于较低的物流业市场集中度,即资本因"肠梗阻"在行业间的流动受到阻滞,从而中国工业"三废"排放强度的降低被限制。

二、深化专业化分工与降低交易成本

工业发展过程中的物流需求外部化是分工深化和市场交易费用下降共同作用

---

① 在物流服务关系性嵌入工业企业价值链的基础活动中,既提供专业化的物流服务,也与之形成社会网络关系;物流服务结构性嵌入工业企业价值链的支持性活动,与工业企业价值链上的其他企业建立起高密度的社会网络关系。

的结果，反过来，它也降低了工业企业的经营成本，并进一步增长工业企业物流需求的多样性。换句话说，物流服务机构可以按较低成本向工业企业提供服务，同时，工业企业物流需求的外部化也有助于改善物流服务业社会化提供的条件，从而进一步降低工业企业外购物流服务的交易成本，所以工业企业物流需求的外部化是一个自我强化的过程。物流业市场结构的变迁恰是这种背景下的产物，尤其随着工业进入精深加工为主导的后期阶段，产业内外的专业化分工水平会大幅提高，从而促使各类产业对物流活动的中间投入不断增长，直接促进物流业的快速成长；同时，物流业通过不断改善高端物流市场的寡占和低端物流市场的完全竞争，更好地满足工业企业的不同需求，获得规模经济，强化预算约束，降低提供成本，迫使工业企业进行科学分工，提升自主渠道下的自身分销能力，从而实现自身资源转换过程中的高效率，进而获得更多的利润空间。可以说，通过物流业内部分工深化带来的市场结构的调整，在提高自身专业化服务水平和效率的同时，间接提高了工业企业的效率。相反地，如果因为分工和交易成本的不合理而出现市场分割，不仅导致资源要素被大量占用、配置效率降低、供求不平衡和结构性矛盾突出等问题，更重要的是阻碍了规模效应的实现和物流业的资源整合，给市场带来了无序竞争，有效的分工协作无法形成，最终的缺陷是高昂的交易成本。可见，物流业的高市场集中度实现了层次化、专业化的物流服务，通过不断提高的效率和工业中服务投入实际成本（以竞争性服务的种类增多来实现）的降低，来支撑工业的效率提高与竞争力提升。

三、促进价值链升级的利润转移

Vanden（2000）指出，随着国民经济的发展，市场竞争不断加剧，尤其是产业的升级转型，工业在加工制造环节的利润空间不断减少，但对产业链上各环节的生产性服务的需求逐渐增加，从而促使工业企业的增长环节从生产性活动向生产服务性活动转移。生产性物流业通过向工业企业提供物流服务，也从外部嵌入于工业企业价值链中。从价值链的构成来看，凭借专业化服务和中介服务特征，物流业促使价值链中利润发生了转移，从中间加工制造环节向物流服务环节所占的增加值不断上升迁移，进而导致了工业企业产品的异质化，增强了市场竞争力。这样，我国工业要在未来保持竞争优势就需要调增量结构、优存量结构。物流业市场结构战略调整的一个路径就是推动物流业参与工业功能的升级，即将物流服务作为中间投入要素越来越多地融入工业发展中去，物流业市场结构要服从于工业企业的生产组织方式，以使工业企业在更好地专注于核心业务、提高生产过程效率的同时，实现工业企业价值链的战略环节转移。这样，工业企业既能将有限资源"聚焦"于战略环节，增加竞争优势，又利用市场降低了成本，提高了竞争力。

四、增强技术创新引领与示范效应

信息技术的不断发展和交通基础设施的不断完善，为工业发展和物流业市场结构打下了坚实的技术基础。信息传输成本和空间运输成本的降低，可以促使物流业在更大空间范围内服务于工业企业的发展。技术创新所带动的技术效率是物流业对工业发展影响的主要路径。物流业的规模经济和专业化经济优势为自身服务效能的提升带来了巨大可能，也有效地提高了工业企业的运输效率和库存周转率等，促进工业企业流程再造，以提高工业企业的生产技术效率。一方面，工业企业通过购买物流服务活动为自己的企业注入新的知识、信息、技术等要素，以此来帮助企业增强创新能力；另一方面，物流企业通过为工业企业提供服务，从而形成学习效应，通过学习创造一些新的知识，促进物流企业自身的创新，进而又通过为工业企业提供服务加以传递。通常认为，市场集中度高可能激励物流企业的创新，因为这种高集中度和一定的市场势力使物流企业获得高于正常利润的垄断利润，为创新提供资金。可以说，物流业市场结构越是合理，意味着采用技术能力越强，工业企业创新活力就越强，也就越容易提升企业自身的竞争力。例如，大型的物流企业有能力在运输和仓储过程中采用GPS或GIS技术，可以提供优质的服务，从而增强工业企业的核心能力和竞争优势。然而，我国物流企业小而散，导致了积累和深化人力资本与知识资本的有限性。虽然外商直接投资将会提高技术进步，但仍然无法有效地开发和充分利用新技术，技术装备整体水平层次还较低。加之较低的物流业市场集中度使工业与物流业之间无法形成较为紧密的前向关联或后向关联关系，导致无法使原有的工业生产加工过程融入更多的技术、知识和信息要素，也无法提高生产方式的集约化程度，从而产业链的传导机制受阻，无法形成对工业的技术进步产生显著的溢出作用。

五、增强物流服务的差异化竞争优势

根据产业组织理论,服务差异并不是客观的,而主要来自买方的主观感觉。这种主观感觉是复杂多元的,其既可以来源于服务本身,也可以来源于其他方面。就服务本身的差异而言,无论是横向或纵向方式,都主要是由物流服务和工业制造活动共同来完成的。至于来源于其他方面的相关差异,则主要由物流服务与其他主体塑造形成的,如研发商、分销商、零售商、信息服务商等。由于物流服务是由物流企业和工业企业这样的具体主体表现出来的行为及其结果,可以说没有完全相同的物流服务。同一种物流服务由不同的物流企业提供,由于技巧、传递方法、服务场景等的不同,必然表现出影响的差异,即使是同一物流企业在不同时间提供同一种物流服务,也会由于运行状态、工业企业情况等有所不同。此外,物流服务的效用和质量也取决于工业企业的配合,不同的工业企业或者是不同时间的同一工业企业,对物流企业提供的服务评价可能也会大相径庭。物流服务随着提供技术的机械化和自动化程度提高,以及标准化的不断完善,其服务的差异性逐渐变小,但相比物质产品,其差异化程度仍然较高。物流企业能够依据工业企业的需求提供差异化的物流服务,这样能有效提升工业企业的竞争优势,从而促进工业发展。

通过以上内容的分析,物流业的主要功能之一就是它能够积累人力资本和知识资本,深化生产的迂回过程,从而改变市场结构,并将人力资本和知识资本引入生产过程,协调和控制专业化生产,有效地降低企业的生产成本,从而促进工业体系的发展。以上大致的行为逻辑如下:物流业的发展对产业发展具有积极的作用,物流业市场集中度的提高对物流业的发展具有正向作用,因此,物流业市场集中度的提高对产业发展有积极作用。但传统的产业组织理论认为,集中度高代表行业有垄断,造成竞争不充分,因此对产业发展不利。这样,要思考的问题是,物流业市场集中度和物流业发展,以及延伸至工业发展之间的关系,是否越集中的物流业市场结构越有利于物流业发展,进而越有利于工业发展呢?诚然,答案是否定的。根据产业组织理论,高集中产生垄断,而低集中度竞争不充分,因此,可以说,适度集中度市场可能不仅有利于物流业自身的内生发展,也有利于其产业关联机制效应的充分发挥,从而促进相关产业的发展。这个适度的物流业市场集中度就是物流业市场结构的最优结构状态,但这个最优状态具有高度的动态性、阶段性和复杂性特征。

依据上面的理论分析和作用分析，提出以下可检验的假说：

H0：适度提高物流业集中度有利于工业整体的产业增长，即当前物流业市场结构对工业产业增长产生负向影响。

H1：适度提高物流业集中度有利于工业技术创新，即当前物流业市场结构对工业技术创新产生负向影响。

H2：适度提高物流业集中度有利于工业污染物排放强度的降低，进而有利于工业减排，即当前物流业市场结构对工业污染物排放强度产生负向影响。

第四节 本章小结

改革开放带来了中国经济发展水平的持续向好，但从规模结构来看，中小企业占据主体地位的中国经济仍然没有明显改变，且从所有制性质来看，非国有企业是最具活力的。但就中国物流业市场结构来看，作为中介载体的国有性质的物流企业占比较大，通过其供给通道将经济要素集中流向国有工业部门。本章的分析指出，物流业市场结构与经济结构的低匹配度阻碍着中国工业的发展；同时，工业发展主要体现在工业升级，物流业市场结构对工业发展的影响可以通过深化人力资本和知识资本、深化和泛化专业化分工与降低交易成本、促进价值链升级的利润转移、增强技术创新引领与示范效应以及增强物流服务的差异化竞争优势来改变其市场结构，从而支撑工业的发展，这主要源于物流服务对工业企业生产活动的微观关系性和结构性嵌入。然而，改变物流业市场结构并不意味着其市场集中度越高越好，根据产业组织理论，高集中度产生垄断，而低集中度竞争不充分，因此，可以说，适度集中度市场不仅有利于自身产业的发展，也有利于相关产业的发展。这个适度的物流业市场集中度就是物流业市场结构的最优结构状态，但这个最优状态具有高度的动态性、阶段性和复杂性特征。

第四章
物流业市场结构对工业产业增长影响的实证分析

在上面几章描述性探索的基础上,本章将进一步实证分析物流业市场结构对中国工业产业增长的影响情况。正如第一章文献综述所述,已有国外研究分析了物流业市场结构与产业增长,而国内这方面的研究则散见于各种文献中,鲜见系统研究。考虑研究主体和所用数据在国内外的差异,以物流业市场结构的中国经验为研究对象来考察对产业增长的影响具有现实意义。因明显差异的中国各区域物流业市场结构,本章对中国30个省份(港澳台及西藏自治区除外)进行物流业市场结构对工业产业增长的影响分析。

第一节 计量模型

一、基本计量模型

产业增长不仅与其自身特征和产业所处地区的经济特征有关,在产业融合推进下,还可能与物流业市场结构有关。近年来,更多的学者对生产性服务业与工业的关系进行了研究。特别地,胡际和陈雯(2012)利用省际面板数据所做的研究结果表明,生产性服务业中物流与电信服务业对第二产业 TFP 有最为显著的促进作用。但目前,鲜有学者对物流业市场结构与产业增长进行研究。因此,借鉴梁红艳(2015)在研究物流业集聚对产业增长影响的做法,本章构建以下计量模型:

$$\ln GROWTH_{it} = \alpha_0 + \alpha_1 \ln WLS_{it} + \alpha_2 \ln REGIONCTR_{it} + \varepsilon_{it} \quad (4-1)$$

式 (4-1) 中，i 和 t 分别代表地区和年份，ε_{it} 为随机扰动项。

GROWTH 为被解释变量。用 i 地区 t 年产业的生产率来表示。

WLS 为核心解释变量。本书采用物流业集中度来表示①，它是物流业市场结构相对数。

REGIONCTR 为用于控制影响产业增长的地区特征，涵盖以下几个方面：工业化程度（LQM）和城市化水平（RDI）是基于新经济增长与新经济地理等视角而引入的相关控制变量。LQM 具体测算为 $LQM = s_{ij}/s_j$②；$RDI = 1/\sum |s_{ij} - s_j|$，用于反映不同行业的企业在地区集聚形成的雅可布（Jacobs）外部性。EDU（人力资本水平）用各地区人口平均受教育年限来表示该变量。FDI（经济开放）用各地区实际利用外资占 GDP 比重来表示该变量。GOV（财政支出比重）用扣除教科文卫支出后的财政支出占 GDP 的比重来表示政府对经济的参与程度。其中，地方财政支出均为本级支出。FD（各地区物流业规模）用其反映各地区物流业发展程度。

二、扩展模型

考虑区域异质性，将反映区域特征的外部物流依赖度与物流业市场结构的交互项纳入模型（4-2）中，因为物流业市场结构对工业产业增长的影响，还与物流业规模和不同区域对外部物流的依赖有关，这样模型（4-1）则进一步扩展为：

$$\ln GROWTH_{it} = \alpha_0 + \alpha_1 \ln WLS_{it} + \alpha_2 \ln REGIONCTR_{it} + \alpha_3 \ln(TRANS \times WLS_{it}) + \alpha_4 \ln(TRANS \times FD_{it}) + \varepsilon_{it} \quad (4-2)$$

式中，外部物流依赖度用 TRANS 表示，以各省份每平方公里的公路里程数来反映不同区域对外部物流的依赖程度。当然，因物流规模的影响作用不容忽视，模型中也控制了外部物流依赖度与物流业规模的交互项，其他变量的含义则均与模型（4-1）中的变量含义相同。

---

① 各地区物流业增加值占全部物流业增加值的比重。
② s_{ij} 是 i 地区工业产值占 i 地区总产值的比重，s_j 是所有地区工业产值占所有地区总产值总和的比重。

第二节 数据说明与描述性统计

历年《中国工业经济统计年鉴》提供了计算 TFP 的大部分原始数据,通过《中国统计年鉴》和《中国区域经济统计年鉴》补齐了所缺的原始数据。物流业市场结构(WLS)数据是经多方搜集整理获得,其原始数据来自历年《中国现代物流发展报告》、历年《中国统计年鉴》、各省份历年统计年鉴、各省份历年国民经济和社会发展统计公报,以及部分省份的历年物流业运行情况通报。工业化程度(LQM)和城市化水平(RDI)的原始数据来自历年《中国统计年鉴》和《中国工业经济统计年鉴》,并经计算后得出。实际利用外商直接投资金额数据来自 ACMR①,这些数据均已经用人民币对美元的年平均汇率(中间价)进行了换算。历年《中国统计年鉴》获得人力资本的数据计算而得。外部物流依赖度(TRANS)的原始数据来源于各省份历年统计年鉴,经计算获得。财政支出比重(GOV)的数据来自国家统计局《新中国 60 年统计资料汇编》。

为了保证数据统计口径的一致性,本书将实证检验的时间段定位在 2006~2015 年。因西藏自治区的相关数据缺失值较多,分析中将西藏自治区从样本中予以剔除。

综上所述,本章分析的数据包含了 2006~2015 年的 30 个省份 36 个产业。表 4-1 和表 4-2 是对变量的具体定义和描述性统计。

表 4-1　变量定义

变量	符号	定义
产业增长率	TFP	各地区各产业 2006~2015 年的全要素生产率
物流业市场结构	WLS	各地区物流业增加值占全部物流业增加值的比重的平均值
物流业规模	FD	各地区物流业发展程度的平均值
工业化程度	LQM	各地区工业产值占各地区总产值比重的平均值

---

① ACMR:北京华通人商用信息有限公司。

续表

变量	符号	定义
城市化水平	RDI	不同行业的企业在地区集聚形成Jacobs外部性的平均值
人力资本水平	EDU	各地区人口平均受教育年限的平均值
经济开放水平	FDI	各地区实际利用外资占GDP比重的平均值
财政支出	GOV	扣除教科文卫支出后的财政支出占GDP比重的平均值
外部物流依赖度	TRANS	各地区对外部物流的依赖程度的平均值

表4-2 变量描述性统计

变量	均值	标准差	最小值	最大值
lnTFP	0.079	0.074	-0.153	0.430
lnWLS	-3.564	0.837	-6.044	-2.156
lnFD	-1.142	0.162	-1.563	-0.532
lnLQM	-0.198	0.297	-1.074	0.397
lnRDI	1.189	0.906	-0.090	6.483
lnEDU	2.144	0.109	1.886	2.487
lnFDI	0.567	0.987	-2.303	2.779
lnGOV	-1.966	0.412	-2.790	-0.743
lnTRANS	-0.443	0.833	-3.642	0.922

表4-2结果显示：我国各省份的经济开放程度、城市化水平、物流业市场结构、财政支出、外部物流业依赖度的差异较大；全要素生产率累积指数、工业化程度、人力资本水平、物流业规模在各省份之间的差异相对较小。对所有样本数据进行对数处理，以剔除便平滑样本数据并消除趋势因素；同时，在进行回归分析前，为避免伪回归的出现进行平稳性检验，以确定回归结果的有效性和无偏性。表4-3给出了面板数据的单位根检验结果。

表4-3 面板数据的平稳性检验

变量	Levin-Lin-Shin检验		Fisher-ADF检验		Fisher-PP检验	
	T统计量	P值	χ^2	P值	χ^2	P值
lnTFP	-14.0406	0.0000	144.654	0.0000	163.190	0.0000
lnWLS	-9.27370	0.0000	95.0323	0.0005	127.152	0.0000

续表

变量	Levin – Lin – Shin 检验		Fisher – ADF 检验		Fisher – PP 检验	
	T 统计量	P 值	χ^2	P 值	χ^2	P 值
lnFD	-6.38005	0.0000	71.7316	0.0536	104.590	0.0000
lnLQM	-7.76075	0.0000	92.1538	0.0048	120.970	0.0000
lnRDI	-3.71858	0.0001	73.6661	0.1106	102.755	0.0005
lnEDU	-17.2884	0.0000	147.278	0.0000	221.497	0.0000
lnFDI	-199.496	0.0000	69.5165	0.0353	91.4197	0.0003
lnGOV	-7.98328	0.0000	53.7052	0.7035	52.6341	0.7391
lnTRANS	-8.46198	0.0000	90.6550	0.0065	144.521	0.0000

表 4 – 3 的检验结果表明，lnTFP、lnWLS、lnFD、lnLQM、lnRDI、lnEDU、lnFDI 和 lnTRANS 这七组变量都通过了 LLC 和 Fisher – PP 检验。因此，全要素生产率累积指数、物流业市场结构、物流业规模、工业化程度、城市化水平、人力资本、经济开放和外部物流依赖程度的自然对数都是平稳序列；lnGOV 通过了 LLC 检验，因此，财政支出可划入平稳时间序列。通过以上检验，变量取自然对数后都可被认定为是平稳序列。

第三节　回归估计与讨论

一、基本模型的回归结果

本书分别进行了固定效应和随机效应估计，并进行 Hausman 检验。在 5% 的显著性水平下，检验结果显示出均接受原假设。因此，模型（4 – 1）采用随机效应得到的基本回归结果如表 4 – 4 所示。其中，列（1）和列（2）是分别加入了物流业市场结构与物流业规模的结果，列（3）中则是将二者同时加入模型的结果。

表4-4 物流业市场结构对产业增长的影响（基本回归结果）

	(1)	(2)	(3)
常数项	-0.075211	0.147064	-0.082791
	(0.138912)	(0.119204)	(0.139261)
lnWLS	-0.015855		-0.031070***
	(0.010267)		(0.011255)
lnFD		0.074699**	0.108758***
		(0.030755)	(0.032578)
lnLQM	-0.018099	-0.038960*	-0.016498
	(0.023431)	(0.022933)	(0.023492)
lnRDI	-0.005345	-0.003344	-0.004797
	(0.005792)	(0.005968)	(0.005808)
lnEDU	0.040599	0.013961	0.052774
	(0.050022)	(0.050673)	(0.050274)
lnFDI	0.004008	0.007774	0.005484
	(0.006222)	(0.006455)	(0.006253)
lnGOV	-0.005696	0.010599	-0.031284
	(0.020886)	(0.016552)	(0.022295)
R^2	0.047355	0.057164	0.092660
F值	1.855799	2.263504	3.253334

注：括号内数值为标准误；***、**和*分别表示1%、5%和10%的显著性水平。

由表4-4的估计结果显示，列（1）中核心解释变量的系数不显著为负，将物流业规模纳入后，核心解释变量在列（3）中系数变小而显著为负，显示当前物流业还处于规模分散发展阶段，有效竞争不足，市场需求增长率和企业进入率对物流业集中度起负向作用，且整个行业发展波动性太小，因此物流业市场结构对中国工业产业增长的影响并不显著。产生这一结果的原因可能是，在考察期内，物流业还处于规模分散发展阶段，有效竞争不足，内部增长效应不明显。首先，虽然劳动力和资本是最主要的生产要素，它们极大地影响着产业结构，但无论在要素生产率水平还是在增长率变化上，物流业与工业之间都存在较大的差异，物流业内生增长并不强，市场需求增长率和企业进入率对物流业集中度起负向作用，且整个行业发展波动性太小，物流业市场结构在基本面上没有任何改变,因而导致了不显著的结果。另外,根据干春晖等(2009)明确指出"结构红利"存在的明显阶段性特征,这一特征也可能影响了结果。当然,研究结果印推了前文的理论分析,我国需要物流业摆脱当前的规模状况,通过优化资源配置提高规模经济水平,进而实现价值链整合和产业结构优化的提升和带动效应。物流业集中度的提高(或降低)有利于(或有损于)产业增长,这符合一般均衡理论的观点。

二、扩展模型的回归结果

鉴于不同区域的不同产业存在不同程度的外部物流依赖,特将区域间的异质性变量加入扩展模型,其回归结果如表4-5所示。

表4-5 物流业市场结构对产业增长的影响(扩展模型回归结果)

	(4)	(5)	(6)	(7)
常数项	-0.102135 (0.140026)	-0.071441 (0.141476)	-0.103448 (0.140371)	-0.179560 (0.133395)
lnWLS	0.002740 (0.014434)	-0.015735 (0.011366)	0.028985 * (0.016733)	
lnLQM	-0.019378 (0.023500)	-0.018164 (0.023789)	-0.017588 (0.023565)	-0.007890 (0.022904)
lnRDI	-0.004293 (0.005835)	-0.005366 (0.005876)	-0.004004 (0.005850)	-0.005432 (0.005759)
lnEDU	0.050959 (0.050463)	0.039030 (0.050830)	0.060218 (0.050674)	0.064426 (0.050645)
lnFDI	0.007308 (0.006491)	0.004015 (0.006473)	0.007989 (0.006511)	0.004744 (0.006239)
lnGOV	-0.010976 (0.021135)	-0.005816 (0.021178)	-0.034028 (0.022436)	-0.039220 * (0.022248)
ln(TRANS*WLS)	-0.014280 * (0.007771)		-0.055847 *** (0.015421)	-0.036088 *** (0.010384)
ln(TRANS*FD)		6.96E-05 (0.007303)	0.044663 *** (0.014299)	0.032224 *** (0.012373)

续表

	(4)	(5)	(6)	(7)
R^2	0.061092	0.045690	0.100945	0.088687
F 值	2.072838	1.525251	3.115739	3.100267

注：括号内数值为标准误；＊＊＊、＊＊和＊分别表示1%、5%和10%的显著性水平。

从表5-5的估计结果可以看出，较之前文，列（4）至列（6）物流业市场结构系数不仅不显著，且符号不同，呈现显著为负是物流业市场结构与外部物流依赖度交互项的系数，可能的原因是我国物流基础设施能力不足，还没有建立布局合理、衔接顺畅、能力充分、高效便捷的综合物流服务体系。由于模型中同时加入了物流业市场结构以及其与外部物流依赖度的交互项，在一定程度上可能产生多重共线性，鉴于此处以物流业市场结构与外部物流依赖度的交互项的系数为关注点，因此，剔除变量物流业市场结构后做回归，得到列（7）所示，外部物流依赖度与物流业市场结构和物流业规模分别组成的交互项系数显著且相反，说明应通过规模经济和物流集聚所带来的物流业空间外部性还没有充分显现，这进一步说明低物流业集中度有碍产业增长。

三、基于基本模型的地区层面回归结果

根据检验结果，以下采用随机效应模型。具体结果见表4-6所示。

表4-6 物流业市场结构对产业增长的影响（东中西部地区）

解释变量	回归系数		
	东部	中部	西部
lnWLS	-0.031218	-0.054240	-0.016399
	(0.019013)	(0.050718)	(0.023215)
lnFD	0.111934＊＊	0.194401＊	0.128218＊
	(0.053632)	(0.110613)	(0.072210)
lnLQM	-0.052034	0.009031	0.014332
	(0.042736)	(0.105465)	(0.224803)

续表

解释变量	回归系数		
	东部	中部	西部
lnRDI	-0.001232 (0.006383)	-0.000165 (0.022483)	-0.012974 (0.088500)
lnEDU	0.114708 (0.087012)	-0.008986 (0.201290)	0.146447 (0.139711)
lnFDI	0.031848** (0.015897)	0.005885 (0.026844)	0.001535 (0.011974)
lnGOV	-0.095124** (0.043198)	-0.133028 (0.086702)	-0.004595 (0.046453)
R^2	0.216720	0.071450	0.054646
F 值	3.043516	0.571611	0.644117

注：括号内数值为标准误；***、**和*分别表示1%、5%和10%的显著性水平。

从中、东、西部层面来看，东、中、西部地区物流业市场结构对工业产业增长均没有显著作用。但就系数本身来看，物流业市场结构均为负值，且其绝对值显示中部数值最大，东部次之，西部最小。这说明，东、中、西部对工业产业增长均有负向影响的趋势，但各自的原因不同，中部地区是源于工业发展较快而物流业发展较慢，两个产业发展速度严重不匹配，略好于中部地区的东部地区的工业发展和物流业市场结构也不匹配，西部地区则是因为工业发展和物流业发展均比较慢。就其他变量而言，东、中、西部地区在系数和显著性方面均存在差异。例如，对东部地区，工业产业增长具有显著提升作用的物流业规模和经济开放程度，则对中西部地区不显著，这说明在东部地区，物流业发展带来了规模效应，经济开放促进了国外先进技术和管理经验的学习采纳，尽管可能因一定的溢出效应而促动物流业市场结构的调整，但不合理的整体态势改观不大。财政支出对东部地区工业产业增长具有显著的负作用，这可能由于处于经济开放前沿位置的政府，其行为会扭曲资源配置，从而产生较大效率损失，对工业产业增长作用为负。

根据表4-7的结果，从显著性来看，除人力资本水平对泛长三角经济区有显著负影响、工业化程度对南部沿海经济区有显著的正影响外，其他各个变量对工业产业增长影响均不显著。这说明，人力资本水平成为制约着泛长三角经济区工业产业增长的因素之一，工业化程度对南部沿海经济区工业产业增长提升有重要作用。从物流业市场结构和物流业规模的系数本身来看，东北经济区、环渤海经济区、泛长三角经济区、湘鄂赣经济区、新疆—青藏高原经济区还不具有物流业规模经济，其所造成的非有效的物流市场结构不利于工业企业获得物流企业的外部效应，进而不利于工业产业增长。尽管南部沿海经济区、西南经济区和北部高原经济区显现出了物流业规模经济，但竞争活力失调也导致了竞争效率低下的非有效的物流业市场结构。

表4-7 物流业市场结构对产业增长的影响（八大经济区）

解释变量	回归系数							
	东北经济区	环渤海经济区	泛长三角经济区	南部沿海经济区	湘鄂赣经济区	西南经济区	北部高原经济区	新疆—青藏高原经济区
lnWLS	-0.078618 (0.509713)	0.293367 (0.213998)	0.187247 (0.204700)	-0.060834 (0.338456)	0.645128 (0.612696)	-0.645184 (0.497409)	0.047833 (0.286243)	0.274874 (0.407258)
lnFD	-0.083747 (1.134111)	-0.594855 (0.566535)	-0.025031 (0.717886)	0.080330 (0.794317)	-0.691041 (1.298163)	1.734916 (1.238410)	0.154690 (0.627153)	-0.607966 (0.834095)
lnLQM	-0.751294 (0.440691)	0.107618 (0.131270)	0.230895 (0.182151)	0.448394** (0.166984)	0.994137 (0.749425)	-0.289160 (0.479259)	0.225482 (0.793584)	-0.001426 (1.032960)
lnRDI	0.063551 (0.046283)	0.002180 (0.011753)	0.033588 (0.022502)	-0.012784 (0.032476)	-0.049256 (0.068697)	0.123780 (0.173671)	-0.104126 (0.233165)	0.172992 (0.435105)
lnEDU	-0.481222 (0.637746)	-0.233163 (0.399990)	-0.733813** (0.279790)	0.855373 (0.568646)	0.172903 (0.702067)	0.645990 (0.628892)	0.538692 (0.482389)	0.124921 (0.453375)
lnFDI	-0.070881 (0.235805)	-0.047615 (0.053281)	-0.091383 (0.068311)	0.039484 (0.048270)	0.461699 (0.357877)	-0.024440 (0.032213)	0.035705 (0.044669)	0.074233 (0.044706)
lnGOV	-0.084147 (0.310835)	-0.086560 (0.146616)	-0.045139 (0.146643)	-0.363687* (0.183810)	-0.889127 (0.603845)	0.043915 (0.129762)	-0.231257 (0.197375)	0.190894 (0.130387)
R²	0.496835	0.412708	0.469215	0.557069	0.288474	0.191848	0.308546	0.596713
F值	1.206844	1.788766	1.856404	2.263840	0.630670	0.474783	1.054720	1.294668

注：括号内数值为标准误；**和*分别表示5%和10%的显著性水平。

第四节 本章小结

本章研究发现，物流业市场结构对中国工业产业增长没有显著的影响，且系数为负，可能的原因在于在考察期内，物流业还处于规模发展阶段，与工业的松散型关系，使市场需求增长率和企业进入率对物流业集中度起负向作用，且整个行业发展波动性太小，物流企业规模在基本面上没有任何改变，因而导致了不显著的结果。当然，这也说明"结构红利假说"在物流业市场结构对中国工业的推动影响还没有充分发挥出来。鉴于工业在中国整体经济中的重要地位，基于本章结论，提高物流业集中度，改善物流业市场结构使其成为中国工业发展的新动力，对促进中国工业产业增长具有极为显性的现实意义。

本章样本数据进行不同视角的分解后回归表明，虽然各地区物流业市场结构均呈现出对中国工业产业增长的不显著影响，但受到各区域资源禀赋、产业结构、政策导向等因素的影响，物流业市场结构对中国工业产业增长的影响呈一定的区域特征，个中原因也不尽相同，但从整体来看，各区域物流业的增长效应，其是随着经济发展水平的提高而加强。具体而言，经济较发达的地区（如东部地区/南部沿海经济区），物流业市场结构虽然从系数本身上看是负的影响，但物流业对工业产业增长的规模经济效应已经显现，只是仍没有形成有效的市场结构。而经济欠发达地区，或因为工业产业发展较快而物流业发展严重滞后，或因为工业产业与物流业均发展滞后，导致规模经济效应没有显现，从而呈现非有效的物流业市场结构状态。

第五章
物流业市场结构对工业技术创新影响的实证分析

一直以来，中国大众实践者和理论研究者都普遍关注工业技术创新能力，这使其成为一个重要的议题。将持续增强自主创新能力作为"一个战略基点"和"一个中心环节"是中国政府极具视野的远见卓识。2014年，在国际经济形势不乐观、国际需求要求增高和国内经济下行压力的背景下，中国积极倡导"大众创业，万众创新"[1]，其目的是充分激发大量市场参与者的智慧和创造力，推动各类创新要素融合互动，为推动中国经济结构调整、建构发展新引擎、激活发展新动力、走创新驱动型道路奠定了可持续的基础。自"十二五"以来，中国自主创新能力获得了显著提高，科技进步贡献率已由50.9%增加到2015年的55.3%。众所周知，低下的技术创新能力，既无助于中国工业产业结构的调整和优化，更阻碍中国经济的未来发展。因此，提升创新激励就成为顺利实现从要素驱动向创新驱动转变的动力，从而能寻找出影响中国工业技术创新的作用因素，并据此制定出相应的治理对策，其现实意义不可忽视。研究者认为，物流对经济增长的影响在于经济整体运行效率和效益的改变，更在于其技术创新得以进步。通过第二章的有关事实分析发现，区域内物流业集中度高低与工业技术创新水平同向趋同。在前几章的基础上，本部分进一步分析了物流业市场结构对工业技术创新的影响。

在中国工业技术创新一直以来的研究中，学者们多将工业产业的企业规模（市场结构）和产权结构置于中国工业产业自身中来分析技术创新，如周黎安和罗凯（2005）、吴延兵（2006，2008）等。而涉及物流对技术创新影响的研究，

---

[1] 与"大众创业，万众创新"配套的政策是《国务院关于大力推进大众创业万众创新若干政策措施》，这将创新能力扩展到了更为广泛的层面。

物流模式和服务创新成为一般意义上被更多考虑的，而对工业技术创新的影响因素方面的研究略显不足。

第一节　中国工业技术创新的影响因素

很多学者相信，中国工业技术创新思维不能摆脱对工业企业规模（市场结构）、产权结构的思考和区域外在环境影响。因此，本节将影响中国工业技术创新的因素分为三个层面：一是物流业市场结构因素以及代表地区交通可达性的交通基础设施，二是来自工业企业自身的规模和产权结构，三是所临外在环境因素。通过前面章节的分析，一个基本的判断是：较高水平的物流业市场结构有利于工业产业的技术创新。对此，后面的实证将加以验证。

对于反映物流成本的交通基础设施，大量研究认为，交通基础设施对物流业布局的形成与发展有重要的影响（千庆兰、陈颖彪和李雁，2011；王金成和张梦天，2014），从而影响了物流业市场结构，但因其作用没有充分显现而导致物流业的空间布局存在地区不平衡的现象。既有的文献研究显示，运输成本的有效降低源自交通基础设施的改善、交易费用节约，从而能更快地加速知识和信息的传播（梁红艳，2015），这样，从理论上来看，作为技术创新内核要素的知识和信息的快速传播更有利于促进技术创新。

除了物流业市场结构和交通基础设施，工业的企业规模（市场结构）和产权结构度技术创新的影响也不应被忽视。有关企业规模促进创新的熊彼特假说指出，大企业不仅有实力投入研发支出，而且能承担创新失败的研发损失。一旦研发成功，那么大企业就能够从创新成果的市场转化中攫取过剩的消费者剩余，并乐见创新活动的垄断费用进行再投入。大企业的存在是一定程度的垄断性质的市场结构，因此可以说，企业规模与创新可以等同于市场结构和创新之间的关系。虽然对于企业规模（市场结构）与创新关系的研究莫衷一是，但对于作为转型经济体的中国，不同产权性质的企业有不同的创新激励，可见，产权结构也应包括在技术创新的重要影响因素之中。尽管这样，本书实证仍舍弃了这一变量，源于非国有化程度与产权结构的强相关性。当然，外在环境对工业技术创新的氛围也有重要影响。现主要参考以下因素进行考量：

第一，非国有化程度。提高效率与创新激励的重要条件之一是产权制度的明晰。普遍意义上来说，非国有化程度高，表明市场化程度也高，而行政干预就少，则产权界定就清晰，进而有益于激励企业创新活动的持续化；同时，非国有化程度也从某种程度上代表了地区工业产业所面临的外部制度环境。因此，可以预期非国有化程度与工业技术创新水平同频。

第二，经济开放。持续经济开放的结果之一是，外商直接投资门槛的降低，这将给进出口贸易带来繁荣，并潜移默化地推动企业对先进技术从引进到借鉴的步伐。当然，经济开放一方面促使企业在更为激烈的市场竞争环境中调整资源配置、改善经营思路，进而推动实现技术创新，另一方面可能会因竞争受到挤占效应的影响。外商直接投资（FDI）一直被用来表示经济开放，但其对技术创新的影响结论却没有共识。因此，经济开放对技术创新的影响，同样有待于后文进行检验。

第三，人力资本水平。通常来看，高素质人才聚居的地区，人力资本水平也高，进而增强吸收和利用新技术的有效性。因此，预期人力资本水平越高，工业的技术创新水平越高。

第二节 计量模型

根据上一节分析的影响因素，本节建立以下面板数据模型（5-1）：
$$\ln TINV_{it} = \alpha_0 + f(\ln WLS_{it}) + \beta_2 CV_{it} + \varepsilon_{it} \tag{5-1}$$

式中，省份代码和年份用下标 i、t 分别表示，TINV 代表工业的技术创新水平。从理论上讲，人类理性认识是由人类创造力水平作为标志的，其延伸就是技术创新。尽管有众多可以衡量技术创新的方法，但专利申请数和新产品销售收入份额是普遍被采用的专利是知识产权的重要组成部分，通常反映拥有自主知识产权的科技和设计成果的情况，其在中国的法律层面明确规定有发明专利、实用新型专利和外观设计专利。因数据的可获得性和统计便利性，用专利申请数来表示技术创新水平是多数学者采用的方法。专利确实反映了新技术，但却不能反映出新技术市场化所创造或带来的经济价值，因为专利在很大程度上是一种技术创新过程中的中间产品；另外，一些掌握核心技术的企业并不一定会申请专利，因为它们认为确定技术领先或创新地位的不是专利，而是作为技术创新主体的人的能力，这样也造成了经济价值因不同技术创新手段而有异。因专利统计的经济价值层面缺陷，新产品销售收入份额在不少文献中被用来衡量技术创新。诚然，新产品销售收入在市场经济条件下确实反映了技术创新的经济价值，且其较之专利数量包含了更为广泛的创新边界，但吴延兵（2006，2008）指出，新产品销售收入并不能反映旨在降低生产成本的工艺创新等。因此，本节将共同把专利申请数（ZL）和新产品销售收入份额（XCP）作为反映技术创新的指标（TINV），以便技术创新水平能够被更全面、客观地反映出来。

式（5-1）中，WLS 为物流业市场结构，用物流业集中度（即各地区物流业增加值与全部物流业增加值的比值）来表示。

为检验实证分析结果的可靠性，本书选择各地区的交通基础设施（TRANS）进行稳健性检验，用各省份每平方公里的公路里程数来表示，它反映了各地区交通可达性。

CV 为影响技术创新的其他控制因素，具体变量如下：

SIZE（企业规模）。已有文献中常用总资产、员工人数或销售收入表示企业规模。Scherer（1965）指出，研究与开发预算成为作为生产要素中处于中立地位的销售收入的依据，因此将销售收入作为企业规模的代理变量是最为理想的。此处的企业规模将用企业平均销售收入来代表，即各地区大中型工业企业产品销售收入与企业数量相除。

FGYH（非国有化程度）。各地区非国有单位就业人数与总就业人数的比值。

FDI（经济开放）。各地区实际利用外资占 GDP 比值。

EDU（人力资本水平）。用各地区人口平均受教育年限来表示该变量。

在以上描述的各控制变量中，企业规模控制工业产业特征；地区非国有化程度、人力资本、经济开放控制区域特征（当然，在一定程度上，非国有化程度也能反映工业产权结构特征），这源于制度环境等因素会对工业技术创新产生重要的影响，因此其呈现出非孤立性特点。

在计量模型中，ε_{it} 为随机误差项。

根据物流业市场结构对中国工业技术创新的影响可能存在的三种关系，把 $f(\ln WLS_{it})$ 设定为以下形式：

$$f(\ln WLS_{it}) = \alpha_{11} \ln WLS_{it} + \alpha_{12} (\ln WLS_{it})^2 \qquad (5-2)$$

本书重点关注的是物流业市场结构的系数，如果物流业市场结构与中国工业技术创新之间是倒 U 形关系，则 $\alpha_{12} < 0$；如果物流业市场结构促进中国工业技术创新，则 $\alpha_{11} > 0$，$\alpha_{12} = 0$；如果物流业市场结构阻碍中国工业技术创新，则 $\alpha_{11} < 0$，$\alpha_{12} = 0$。

第三节 数据来源与描述性统计

一、数据说明

由历年《中国科技统计年鉴》获得工业专利申请数和新产品销售收入份额的原始数据；因中国目前没有规范的物流统计数据，物流业市场结构与物流业规模数据是经多方搜集整理获得，其原始数据来自历年《中国现代物流发展报告》、历年《中国统计年鉴》、历年各省份统计年鉴、各省份历年国民经济和社会发展统计公报以及部分省份的历年物流业运行情况通报。实际利用外商直接投资金额数据来自 ACMR①，这些数据均已经用人民币对美元的年平均汇率（中间价）进行了换算。历年《中国统计年鉴》获得企业规模和人力资本的原始数据，其中人力资本的数据同陈钊和陆铭等（2004）的计算口径一致。

数据时间与全文保持一致，仅将西藏自治区数据剔除，因为其严重数据缺失。首先通过表 5-1 对各变量进行初步的定义。

表 5-1 变量定义

变量	符号	定义
专利申请数	ZL	各省份大中型工业企业专利申请数
新产品销售收入份额	XCP	各省份大中型工业企业新产品销售收入占销售总收入的比重
物流业市场结构	WLS	各省份物流业增加值占全部物流业增加值的比重

---

① ACMR：北京华通人商用信息有限公司。

续表

变量	符号	定义
交通基础设施	TRANS	各省份每平方公里的公路里程数
企业规模	SIZE	各省份大中型工业企业产品销售收入与企业数量之比
非国有化	FGYH	各省份非国有单位就业人数占总就业人数的比重
经济开放	FDI	各省份实际利用外商直接投资占 GDP 比重
人力资本	EDU	各省份人口平均受教育年限

表 5-2 的描述性统计显示：中国各省份工业专利申请数、新产品销售收入份额、企业规模、非国有化、经济开放、人力资本的差异性较大；物流业市场结构、交通基础设施在各省份之间的差异相对较小。因此，可以选择进一步探求物流业市场结构对中国工业技术创新的影响，控制其他变量的影响。

表 5-2　变量描述性统计

变量	均值	标准差	最小值	最大值
ZL	3.832838	6.708158	0.032500	50.45000
XCP	12.28387	7.373500	0.600000	41.30000
WLS	0.038077	0.029096	0.002371	0.115809
TRANS	0.819236	0.467917	0.026202	2.514921
SIZE	9.615319	3.580852	4.120000	20.89000
FGYH	22.40043	11.92055	5.400000	68.70000
FDI	2.565957	2.136924	0.100000	16.10000
EDU	8.575439	0.958679	6.593961	12.02836

图 5-1、图 5-2 给出了不同表征下工业技术创新水平与物流业市场结构的散点图。从中可以初步判断，无论哪种表征形式，二者均呈正相关关系，即高技术创新水平对应高集中度，低技术创新水平对应低集中度。众所周知，散点图并不能对二者的因果关系进行充分说明，需要做进一步分析。

第五章 物流业市场结构对工业技术创新影响的实证分析

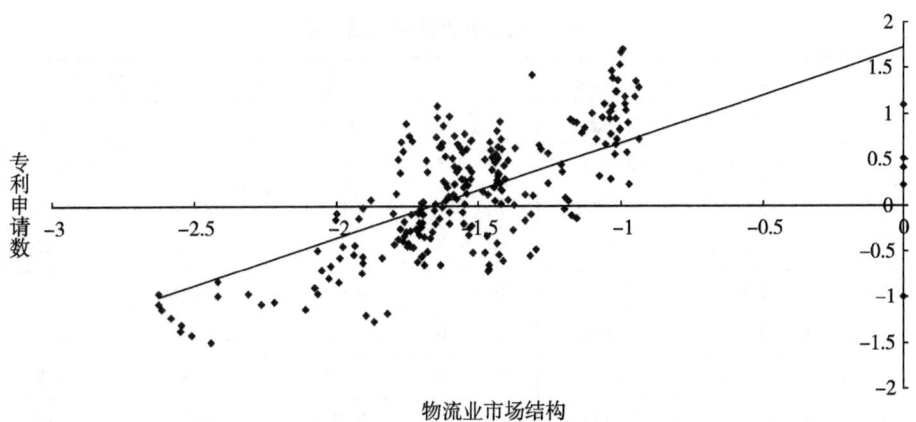

图 5-1 物流业市场结构与工业专利申请数散点图

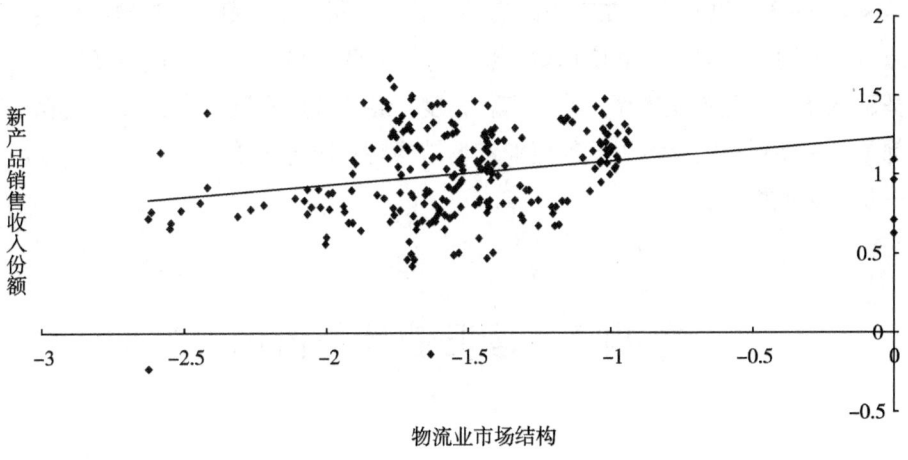

图 5-2 物流业市场结构与新产品销售收入份额散点图

二、数据平稳性检验

为避免伪回归,在回归之前进行平稳性检验,以确保得到无偏且有效的回归结果。对所有样本数据进行了对数处理来消除样本数据的趋势因素和平滑样本数据。面板单位根检验的结果如表 5-3 所示。

表 5-3　面板数据的平稳性检验

变量	Levin-Lin-Shin 检验		Fisher-ADF 检验		Fisher-PP 检验	
	T统计量	P值	χ^2	P值	χ^2	P值
lnZL	-25.8719	0.0000	126.495	0.0000	124.628	0.0000
lnXCP	-32.3786	0.0000	206.712	0.0000	239.481	0.0000
lnWLS	-20.8575	0.0000	202.126	0.0000	174.593	0.0000
lnTRANS	-3.03776	0.0012	103.812	0.0004	99.3159	0.0011
lnSIZE	-24.5661	0.0000	168.159	0.0000	234.107	0.0000
lnFGYH	-16.5139	0.0000	142.274	0.0000	190.597	0.0000
lnFDI	-99.3413	0.0000	148.793	0.0000	145.985	0.0000
lnEDU	-17.2884	0.0000	147.278	0.0000	221.497	0.0000

从表 5-3 可以看出，在表中的三种检验中，所有变量都在 5% 的显著性水平下通过了检验。因此，专利申请数、新产品销售收入份额、物流业市场结构、交通基础设施、工业企业规模、非国有化程度、经济开放程度、人力资本的自然对数都是平稳序列。因此可以就物流业市场结构对中国工业技术创新之间的影响做进一步的实证检验。

第四节　回归估计与讨论

在验证物流业市场结构对中国工业技术创新影响时，采用固定效应模型先进行回归，以整体判断物流业市场结构对于中国工业技术创新的作用。之后为了准确测算物流业市场结构对中国工业技术创新的影响，在模型中引入控制变量。

一、对全国情况的回归分析

根据表 5-2 的描述性统计，首先引入物流业市场结构和标准差较大的非国有化程度（FGYH）这两个指标作为自变量进行回归分析，结果如表 5-4 中列（1）所示。回归结果显示：在以专利申请数和新产品销售收入份额分别为技术创

第五章 物流业市场结构对工业技术创新影响的实证分析

表5-4 物流业市场结构对中国工业技术创新影响的回归结果(全部样本)

变量	(1) 技术创新用专利申请数表征(lnZL)	(1) 技术创新用新产品销售份额表征(lnXCP)	(2) 技术创新用专利申请数表征(lnZL)	(2) 技术创新用新产品销售份额表征(lnXCP)	(3) 技术创新用专利申请数表征(lnZL)	(3) 技术创新用新产品销售份额表征(lnXCP)	(4) lnTRANS	(5) lnTRANS	(6) lnTRANS
常数项	-1.044975 (0.831145)	4.193486*** (1.196765)	-8.006399*** (1.761545)	7.406635*** (2.661444)	-6.792310*** (1.962835)	7.759161* (2.980244)	-0.172965 (0.629827)	0.222057 (1.413854)	0.545073 (1.582623)
lnWLS	0.094607 (0.071783)	0.011596 (0.103360)	0.077939 (0.070905)	0.069314 (0.107127)	0.567295 (0.359542)	0.211404 (0.545906)	0.110190** (0.054396)	0.108860* (0.056910)	0.239056 (0.289897)
lnFGYH	1.039518** (0.492101)	-0.866950 (0.708576)	0.500644 (0.492632)	-1.092068 (0.744296)	0.425893 (0.494363)	-1.113773 (0.750609)	0.135767 (0.372905)	0.198095 (0.395397)	0.178207 (0.398602)
(lnFGYH)²	-0.153880* (0.085406)	0.083242 (0.122977)	-0.083302 (0.084516)	0.122211 (0.127692)	-0.069905 (0.084859)	0.126101 (0.128845)	-0.031234 (0.064719)	-0.041707 (0.067835)	-0.038142 (0.068421)
lnSIZE			0.101302 (0.158198)	-0.233847 (0.239015)	0.096827 (0.157843)	-0.235146 (0.239658)		0.132499 (0.126973)	0.131308 (0.127268)
lnFDI			0.057566 (0.041030)	0.111008* (0.061991)	0.078766* (0.043686)	0.117163* (0.066330)		0.007911 (0.032932)	0.013551 (0.035224)
lnEDU			3.558634*** (0.757411)	-1.044168 (1.144340)	3.479150*** (0.757717)	-1.067248 (1.150469)		-0.365289 (0.607914)	-0.386436 (0.610943)
(lnWLS)²					0.059622 (0.042950)	0.017312 (0.065212)			0.015863 (0.034630)
R²	0.984416	0.818068	0.986132	0.821152	0.986273	0.821219	0.969302	0.969525	0.969559
F值	315.8432	22.48285	318.2836	20.55169	312.4594	19.97613	157.8790	142.4058	138.5143
	(0.000000)	(0.000000)	(0.000000)	(0.000000)	(0.000000)	(0.000000)	(0.000000)	(0.000000)	(0.000000)

注:括号内数值为标准差;***、**、*分别表示在1%、5%和10%的显著性水平。

新表征下，lnWLS 的回归结果均不显著为正，表明当前物流业市场结构对中国工业技术创新的影响并未显现，可能的原因是我国物流人才与技术落后，及与工业之间的关系过于松散，所以对于技术创新的中介效应难以显现；同时，在以专利申请数为技术创新表征下，lnFGYH 和 (lnFGYH)^2 的回归系数都为一正一负，且仅 lnFGYH 通过了 5% 的显著性检验，在新产品销售收入份额为技术创新表征下，lnFGYH 和 (lnFGYH)^2 的回归结果为不显著的负正值，显然无法判定非国有化程度与中国工业技术创新之间存在倒 U 型关系。

为了剔除其他可能因素对固定效应模型回归结果的干扰，列（2）引入工业企业规模（SIZE）、经济开放程度（FDI）、人力资本水平（EDU）三个控制变量，回归结果如表 5-4 中列（2）所示。列（2）和列（1）的回归结果基本类似，lnWLS 的回归系数在对技术创新的不同表征下均为不显著的正值，表明无法认定物流业市场结构与中国工业技术创新之间存在倒 U 型关系。加入控制变量后，lnFGYH 和 (lnFGYH)^2 的情况与之前相似，依然无法认定存在倒 U 型关系，但是能表明非国有化程度在不同表征下对中国工业技术创新的影响作用也不同。lnSIZE 在技术创新的两种表征下回归系数都为不显著的正负值，表明工业企业规模对工业技术创新产生的影响不显著。lnFDI 的回归系数在两种技术创新表征下也均为不显著的正值，表明其对中国工业技术创新可能有促进作用，其影响有待进一步考察。lnEDU 的回归系数在两种技术创新表征下为一正一负，且在专利申请数表征下通过了 5% 的显著性检验，表明人力资本水平对中国工业技术创新在不同专利申请数表征下有明显的促进，且一直保持稳定的作用。

通过前面的回归结果可以看出，当前物流业市场结构对中国工业技术创新存在的影响不显著，产生这一结果的原因在于物流业人才与技术落后，自身创新能力普遍比较低下，以及与工业之间的关系过于松散，所以对于技术创新的中介效应难以有效传导。首先，由于物流业因人才和技术而导致的自身创新能力不足，造成其对外溢出能力较弱，从而反馈效应对工业发展的影响是较弱的；另外，余典范等（2011）认为，在第二产业中，产业关联的差异性比较大。烟草制品业、食品加工制造业等一些行业产业链条相对较短，产业关联的特征不显著，其感应能力较弱，因而受其他产业的影响比较小。这充分说明，在我国产业转型升级过程中，产业融合发展是非常重要的一条途径，这样可以拉伸产业链，促进产业之间的技术融合，进而加快产业的转型升级。为了进一步验证物流业市场结构与中国工业技术创新之间是否存在倒 U 型关系，引入物流业市场结构的平方项。

表 5-4 列（3）显示，在两种技术创新表征下，lnWLS 和 (lnWLS)^2 的回归结果均为不显著的正值，因此无法判定物流业市场结构与中国工业技术创新之间存在倒 U 型关系。同时，对比列（2）和列（3）的回归结果，引入物流业市场结构的平方项对其他经济变量没有产生实证影响。

下面选择交通基础设施进行稳健性估计以保证可靠性，回归结果如表 5-4 中列（4）至列（6）所示。除被解释变量不同外，列（1）、列（2）、列（3）和列（4）、列（5）、列（6）的估计方法和解释变量均相同。经比较可知，物流业市场结构与中国工业技术创新之间的关系没有改变，即在当前中国物流业发展水平下，物流业市场结构对中国工业技术创新的影响并不显著，倒 U 型关系在两者之间不成立。同时，其他各变量与中国工业技术创新的关系基本保持。因此，前面的回归结果具有可靠性。

二、对不同区域情况的回归分析

由于区位、经济发展和物流业发展基础不同，中国物流业发展表现出明显的不平衡，在结构上也存在较大的差异。为了进一步研究物流业市场结构对中国工业技术创新的影响，按照国家统计局的分类标准，下面将全国样本划分为东部 11 个省份、中部 8 个省份、西部 12 个省份，仍采用加入工业企业规模、经济开放程度和人力资本水平三个控制变量的固定效应模型进行估计，以检验物流业市场结构会否因经济发展水平差异，而对工业技术创新有不同的影响，表 5-5 为回归与检验结果。

以下对东、中、西部地区样本数据回归结果均在 5% 的显著性水平下进行分析。

由列（DB2）和列（DB4）的回归结果可知：在东部地区两种不同的技术创新表征下，lnWLS 和 (lnWLS)^2 的回归系数均为正值，lnWLS 仅在新产品销售收入份额表征下通过了显著性检验，而无论哪种表征下，(lnWLS)^2 都没有通过显著性检验。因此，东部地区物流业市场结构对中国工业技术创新的影响在不同表征下存在差异性，倒 U 型关系也不成立。同时，在两种不同的技术创新表征下，lnFGYH 和 (lnFGYH)^2 的回归系数均为一负一正，并且在专利申请数为技术创新表征下，都通过了显著性检验，而在新产品销售收入份额为技术创新表征下，

表 5-5 物流业市场结构对中国工业技术创新影响的回归结果（东中西部）

变量	东部地区				中部地区				西部地区			
	技术创新用专利申请数表征		技术创新用新产品销售份额表征		技术创新用专利申请数表征		技术创新用新产品销售份额表征		技术创新用专利申请数表征		技术创新用新产品销售份额表征	
	(DB1)	(DB2)	(DB3)	(DB4)	(ZB1)	(ZB2)	(ZB3)	(ZB4)	(XB1)	(XB2)	(XB3)	(XB4)
常数项	-3.057540 (1.047587)	-2.752967 (2.807765)	12.408764*** (3.883044)	14.20503** (3.855935)	-6.626996 (4.904743)	-10.49427 (8.362065)	-3.441679 (7.284773)	-2.225976 (12.47103)	-5.075260** (2.650571)	-3.472454 (3.110548)	7.601150 (5.316438)	5.038789 (6.257125)
lnWLS	-0.014263 (0.079369)	0.149330 (0.30661)	0.009574 (0.113025)	0.974393** (0.454100)	0.051292 (0.258197)	-1.975117 (3.542008)	-0.374302 (0.383488)	0.262713 (5.282485)	0.166574 (0.113388)	1.062006 (0.915917)	-0.002687 (0.227431)	-1.434190 (1.842442)
lnFGYH	-2.172850** (0.939140)	-2.142675** (0.946741)	-2.544922* (1.337371)	-2.366962* (1.300170)	-0.296465 (1.774100)	-0.155078 (1.806452)	4.056800 (2.634983)	4.012354 (2.694108)	0.509256 (0.851651)	0.450431 (0.853943)	0.530097 (1.708217)	0.624138 (1.717776)
(lnFGYH)²	0.348105** (0.142907)	0.345651** (0.143862)	0.367373* (0.203504)	0.352902* (0.197567)	-0.225554 (0.306908)	-0.253717 (0.313450)	-0.809847* (0.455835)	-0.800994* (0.467474)	-0.054504 (0.150481)	-0.041897 (0.151060)	-0.170190 (0.301831)	-0.190344 (0.303870)
lnSIZE	0.240803 (0.206519)	0.227780 (0.209347)	-1.124664*** (0.294090)	-1.201470*** (0.287499)	0.143630 (0.326645)	0.152314 (0.329839)	-0.070212 (0.485150)	-0.072942 (0.491916)	-0.056839 (0.271410)	0.012705 (0.280501)	0.724579 (0.544386)	0.613400 (0.564251)
lnFDI	-0.145236** (0.071329)	-0.122582 (0.084408)	-0.150292 (0.101575)	-0.016683 (0.115919)	0.106357 (0.166693)	0.088821 (0.170901)	-0.110638 (0.247581)	-0.105125 (0.254879)	0.053477 (0.048258)	0.071532 (0.051631)	0.150181 (0.096794)	0.121317 (0.103860)
lnEDU	3.309042*** (1.031277)	3.274782*** (1.039764)	-1.208191 (1.468577)	-1.410245 (1.427919)	4.380637** (1.674378)	4.439770** (1.692112)	-0.134918 (2.486872)	-0.153507 (2.523584)	2.039319 (1.221750)	2.099909* (1.223585)	-3.509061 (2.450550)	-3.605925 (2.461343)
(lnWLS)²		0.019601 (0.038446)		0.115602 (0.052799)		-0.286174 (0.498857)		0.089961 (0.743986)		0.107149 (0.108756)		-0.171296 (0.218772)
R²	0.993876	0.993903	0.886609	0.894999	0.965523	0.965819	0.779509	0.779594	0.984687	0.984927	0.792757	0.794819
F 值	430.4453 (0.000000)	407.5162 (0.000000)	20.73750 (0.000000)	21.30920 (0.000000)	54.60940 (0.000000)	51.12992 (0.000000)	6.893887 (0.000000)	6.400416 (0.000000)	173.3454 (0.000000)	166.0845 (0.000000)	10.31153 (0.000000)	9.845753 (0.000000)

注：括号内数值为标准差；***、**、* 分别表示在1%、5%和10%的显著性水平。

lnFGYH 和（lnFGYH）² 都没有通过显著性检验，说明在东部地区可能存在非国有化程度与中国工业技术创新之间的倒 U 型关系。在专利申请数为技术创新表征下，控制变量 lnSIZE 的回归系数显著为正，没有通过显著性检验，但是在新产品销售收入份额为技术创新表征下，lnSIZE 的回归系数为负，且通过了显著性检验，这说明在该表征下，企业规模对工业技术创新有显著负影响。因此可得出，在不同的技术创新表征下，东部地区企业规模对工业技术创新的影响存在差异。lnFDI 的回归系数在两种技术创新表征下都为负，但均没有通过显著性检验，说明东部地区的经济开放程度对工业技术创新的影响都不显著。lnEDU 的回归系数在专利申请数表征下显著为正且显著，而在新产品销售收入份额表征下为负（不显著），表明在两种不同的技术创新表征下，东部地区的人力资本水平对工业技术创新的影响存在差异。

由列（ZB2）和列（ZB4）的回归结果可知：在中部地区两种不同技术创新表征下，lnWLS 和（lnWLS）² 的回归系数在专利申请数为表征下为负，在新产品销售收入份额表征下为正，且都没有通过显著性检验，因此中部地区物流业市场结构对中国工业技术创新的影响不显著，且不存在倒 U 型关系。与东部地区相比，中部地区经济发展相对落后，非国有化程度也较低，因此中部地区的非国有化程度对工业技术创新的影响小于东部地区。与东部地区不同，在两种不同的技术创新表征下，非国有化程度对工业技术创新的影响不显著，不存在倒 U 型关系。在两种不同的技术创新表征下，企业规模和经济开放程度对工业技术创新的表现一致，均没有显著影响，而人力资本水平对工业技术创新的影响表现出了明显的差异，存在促进作用的可能。

在列（XB2）和列（XB4）中，在两种不同的技术创新表征下，lnWLS 和（lnWLS）² 均表现了不显著的回归结果，显然在西部地区二者的影响不显著，且二者之间倒 U 型关系不成立。lnFGYH 和（lnFGYH）² 的回归系数也均不显著，表明非国有化程度对工业技术创新没有显著性影响，二者没有倒 U 型关系。其他变量在两种不同的技术创新表征下均不显著，这与西部地区各方面还处于欠发达水平有关。

依托交通便利、地缘及投资环境优势，中国改革开放前列的地区成为产业布局的集聚地，由此形成了强大的"物流引力场"，人流、物流、信息流汇集成强大的辐射力。考虑中国物流业因时空格局上形成的结构上加大的差异，在对全国情况和东、中、西部地区进行回归分析的基础上，将参考经济区域划分的方法将样本分成东北经济区、环渤海经济区、泛长三角经济区、南部沿海经济区、湘鄂赣经济区、西南经济区、北部高原经济区、新疆—青藏高原经济区样本，利用2006~2015年省级面板数据，仍采用加入工业企业规模、经济开放程度和人力资本水平三个控制变量的固定效应模型进行估计，以检验在经济发展水平不一样的地区，物流业市场结构对工业技术创新有怎样的影响，回归与检验结果如表5-6所示。同时，为了更为清晰地梳理回归和检验结果，将表5-6进行了比较得出了表5-7。

通过上面的分析可以看出，在技术创新用两种不同方式表征下可以得出以下结果：

第一，无论是全国样本数据，东、中、西部地区的样本数据，还是八大经济区的样本数据，都说明物流业市场结构与中国工业技术创新之间不存在倒U型关系。

第二，物流业市场结构对中国工业技术创新的影响在东、中、西部表现不同，东部地区在不同表征下存在着影响的差异性，而中部和西部地区均表现为影响不显著；从全国样本数据来看，在不同的技术创新表征下也呈现出影响的不显著；而在各经济区表现不尽相同，如在环渤海经济区、泛长三角经济区、南部沿海经济区就表现出促进或促进趋势，在其他经济区则表现出不确定的情况，如东北经济区、湘鄂赣经济区、西南经济区、新疆—青藏高原经济区，而在北部高原经济区则表现出阻碍的趋势。这与当前中国经济增长过程中物流业发展水平有着密切关系，也从侧面证明了我国的物流市场体系还处于"建立和完善"的阶段。

第三，经济较发达地区的物流业集中度、工业技术创新水平基本上都高，可以说随着物流业集中度的提高，物流业市场结构对中国工业技术创新存在着促进的作用，但在目前的物流业发展水平下，其对中国工业技术创新的影响呈现更大的不确定性，可能的原因是物流业自身的技术水平的限制。

总之，通过全国层面和区域层面的实证结果可以看出，从中国整体来看，目前物流业市场结构对中国工业技术创新的影响显示为不确定，在技术创新的不同表征下，物流业市场结构对中国工业技术创新的影响会得出不同的结论。但区域层面的分析结果给出了明显的一个趋势，那就是高物流业市场集中度有益于工业技术创新。

第五章 物流业市场结构对工业技术创新影响的实证分析

表5-6 物流业市场结构对中国工业技术创新影响的回归结果（八大经济区）

变量	东北经济区				环渤海经济区				泛长三角经济区			
	技术创新		技术创新		技术创新		技术创新		技术创新		技术创新	
	用专利申请数表征		用新产品销售份额表征		用专利申请数表征		用新产品销售份额表征		用专利申请数表征		用新产品销售份额表征	
	(DB1)	(DB2)	(DB3)	(DB4)	(HBH1)	(HBH2)	(HBH3)	(HBH4)	(CSJ1)	(CSJ2)	(CSJ3)	(CSJ4)
常数项	-6.270270	-3.239254	-10.26356	-15.80571*	-7.298244***	-4.462347**	4.966921***	8.828615***	-14.0122***	-4.538608	-0.367503	1.033936
	(5.505704)	(6.181876)	(7.597816)	(8.223954)	(1.069012)	(1.744582)	(1.423669)	(2.315796)	(2.285425)	(3.262979)	(1.550556)	(2.771726)
lnWLS	-0.647275	3.749156	-0.485922	-8.524702	-0.410064**	3.416562*	0.191254	5.402044*	1.013052	10.14109***	1.206541**	2.552737
	(0.486720)	(4.178044)	(0.671668)	(5.559191)	(0.194629)	(1.921077)	(0.259199)	(2.550080)	(0.781902)	(2.657348)	(0.530485)	(2.257276)
lnFGYH	0.561457	-2.196781	20.02937**	25.07275**	-0.454690	-0.502864	-0.899387	-0.964986	11.18665***	8.946127***	4.371947**	4.041517
	(6.289613)	(6.780030)	(8.679603)	(9.019699)	(0.990386)	(0.943053)	(1.318958)	(1.251829)	(3.377273)	(2.808811)	(2.291326)	(2.385936)
(lnFGYH)²	0.268562	1.217450	-8.02041**	-9.759063**	0.138764	0.152257	0.306736	0.325109	-3.610024**	-2.722206**	-1.410848*	-1.279913
	(2.349564)	(2.504237)	(3.242375)	(3.331469)	(0.365479)	(0.347964)	(0.486732)	(0.461895)	(1.114056)	(0.936918)	(0.755836)	(0.795862)
lnSIZE	-0.903018	-0.601208	-0.040845	-0.592697	1.543857***	1.614101**	0.190086	0.285737	3.190689***	2.453439**	0.824905*	0.716176
	(0.615635)	(0.675745)	(0.849571)	(0.898966)	(0.200335)	(0.193902)	(0.266799)	(0.257390)	(0.621800)	(0.545232)	(0.421863)	(0.463145)
lnFDI	-0.361891	-0.068508	0.009314	-0.527130	0.086419	0.149258	0.028560	0.114129	0.152016	-0.503071	0.039238	-0.057374
	(1.088855)	(1.118588)	(1.502609)	(1.488095)	(0.139430)	(0.136387)	(0.185687)	(0.181043)	(0.297231)	(0.303814)	(0.201658)	(0.258074)
lnEDU	5.453232**	6.614344**	-1.795507	-3.918574	6.119074***	6.083763***	-3.316116**	-3.36200**	4.877819***	2.246084	-1.136987	-1.525114
	(2.443582)	(2.667698)	(3.372119)	(3.548927)	(0.958939)	(1.098764)	(1.277079)	(1.211913)	(1.356482)	(1.327265)	(0.920311)	(1.127441)
(lnWLS)²		1.723152		-3.150746		1.228345*		1.672661**		4.234472***		0.624497
		(1.626511)		(2.163802)		(0.613791)		(0.814759)		(1.197190)		(1.016949)
R²	0.944133	0.948911	0.822042	0.848764	0.979086	0.981703	0.934091	0.942713	0.973527	0.983410	0.823542	0.826655
F值	27.46191	24.76506	7.506384	7.482915	135.7603	136.5712	41.09981	41.88830	89.89229	124.4827	11.40837	10.01454
	(0.000001)	(0.000002)	(0.000820)	(0.000998)	(0.000000)	(0.000000)	(0.000000)	(0.000000)	(0.000000)	(0.000000)	(0.000002)	(0.000006)

续表

		南部沿海经济区				湘鄂赣经济区				西南经济区			
		技术创新		技术创新		技术创新		技术创新		技术创新		技术创新	
		用专利申请数表征		用新产品销售份额表征		用专利申请数表征		用新产品销售份额表征		用专利申请数表征		用新产品销售份额表征	
变量		(NBY1)	(NBY2)	(NBY3)	(NBY4)	(XEG1)	(XEG2)	(XEG3)	(XEG4)	(XN1)	(XN2)	(XN3)	(XN4)
常数项		−6.407452*	−5.478103	10.51169***	12.97198***	−3.296319	−9.191654*	1.640012	3.187942	−4.741801***	−8.227838***	5.232741***	7.229837*
		(3.252119)	(3.542353)	(3.659384)	(3.737152)	(2.519911)	(4.300484)	(3.492306)	(6.493475)	(0.605878)	(1.988700)	(1.169058)	(4.107176)
lnWLS		−0.042309	0.869635	−0.150172	2.264044	0.886719***	−6.746397	−0.529579	1.474638	0.354247***	−3.727972	0.096821	2.435461
		(0.155822)	(1.290803)	(0.175335)	(1.361786)	(0.293267)	(4.639934)	(0.406435)	(7.006026)	(0.124150)	(2.232161)	(0.239551)	(4.609984)
lnFGYH		2.263778	2.363343	−6.805760*	−6.542177*	1.780623	2.774953	4.277396	4.016316	0.144728	−0.269328	−0.349875	−0.112638
		(3.464841)	(3.511165)	(3.898745)	(3.704249)	(2.428280)	(2.378071)	(3.365316)	(3.590747)	(0.627670)	(0.637981)	(1.211107)	(1.317595)
(lnFGYH)²		−0.314695	−0.242637	3.103780*	3.294540**	−0.229626	−0.702159	−1.539984	−1.415912	0.080211	0.245102	0.180229	0.085765
		(1.389187)	(1.410280)	(1.563156)	(1.487834)	(0.971699)	(0.964095)	(1.346663)	(1.455726)	(0.250588)	(0.254620)	(0.483516)	(0.525856)
lnSIZE		0.435307	0.351751	−1.448903***	−1.670102***	0.025649	−0.143641	0.594490	0.638940	1.911309***	1.728359***	−0.295222	−0.190413
		(0.426632)	(0.447656)	(0.480060)	(0.472274)	(0.496585)	(0.481490)	(0.688209)	(0.727021)	(0.322094)	(0.322020)	(0.621490)	(0.665054)
lnFDI		−0.132379	−0.000314	−0.189425	0.160194	−0.398206	−0.827744	0.810697	0.923480	0.067243	0.038787	−0.024392	−0.008090
		(0.142447)	(0.235000)	(0.160286)	(0.247923)	(0.663035)	(0.680011)	(0.918890)	(1.026777)	(0.053562)	(0.053226)	(0.103349)	(0.109925)
lnEDU		4.023665*	3.665604	−5.211661**	−6.159567**	3.335830**	3.031825**	−5.493093**	−5.413271**	4.042903***	4.553899***	−4.132083**	−4.424825**
		(2.043574)	(2.129514)	(2.299492)	(2.246619)	(1.333168)	(1.276285)	(1.847617)	(1.927115)	(0.989839)	(0.981291)	(1.909922)	(2.026618)
(lnWLS)²		0.229610			0.607852*		−2.407844		0.632224		−1.197191*		0.685852
		(0.322562)			(0.340300)		(1.461028)		(2.206066)		(0.653710)		(1.350078)
R²		0.988907	0.989195	0.606003	0.662652	0.973344	0.977675	0.835091	0.836053	0.988548	0.990125	0.904273	0.905435
F值		198.1088	173.9509	3.417975	3.732171	68.46589	68.12282	9.494930	7.932613	211.0006	210.5548	23.09113	20.10697
		(0.000000)	(0.000000)	(0.010569)	(0.006574)	(0.000000)	(0.000000)	(0.000119)	(0.000377)	(0.000000)	(0.000000)	(0.000000)	(0.000000)

续表

	北部高原经济区				新疆—青藏高原经济区			
	技术创新 用专利申请数表征		技术创新 用新产品销售份额表征		技术创新 用专利申请数表征		技术创新 用新产品销售份额表征	
变量	(BG1)	(BG2)	(BG3)	(BG4)	(XQ1)	(XQ2)	(XQ3)	(XQ4)
常数项	-8.235480*** (1.762962)	-12.52263*** (3.901927)	2.200020 (1.689326)	-3.270006 (3.660183)	65.85432 (48.99999)	101.6876 (59.01905)	39.48910 (216.2943)	-159.1977 (247.9341)
lnWLS	-0.119652 (0.227506)	-3.451357 (2.720533)	0.277783 (0.218003)	-3.973184 (2.551982)	-1.166458** (0.419936)	-5.225942 (3.821152)	0.171330 (1.853668)	22.68020 (16.05234)
lnFGYH	2.425383 (2.142064)	4.001681 (2.480819)	1.789338 (2.052594)	3.800557 (23.327119)	-108.1136 (74.14313)	-167.4172 (92.08859)	-56.51018 (327.2804)	272.3139 (386.8565)
(lnFGYH)²	-0.629327 (0.828942)	-1.361835 (1.015172)	-0.949182 (0.794319)	-1.883799* (0.952277)	41.33220 (28.31553)	63.99436 (35.17681)	22.65241 (124.9896)	-103.0038 (147.7748)
lnSIZE	0.243684 (0.388759)	0.366587 (0.398150)	0.325994 (0.372521)	0.482808 (0.373482)	0.712231 (0.627134)	0.371280 (0.698717)	3.711591 (2.768278)	5.602083* (2.935253)
lnFDI	0.009447 (0.157315)	-0.020890 (0.157891)	0.067839 (0.150744)	0.029132 (0.148109)	-0.160370 (0.101560)	-0.409658 (0.254053)	0.771889 (0.448304)	2.154133* (1.067254)
lnEDU	5.763002*** (1.900329)	5.958249*** (1.890519)	-2.191781 (1.820955)	-1.942663 (1.773392)	0.727531 (1.679613)	0.094680 (1.767053)	-7.989871 (7.414098)	-4.480864 (7.423244)
(lnWLS)²		-0.840972 (0.684339)		-1.073007 (0.641941)		-1.020240 (0.954627)		5.656986 (4.010308)
R²	0.957164	0.959356	0.671986	0.701747	0.988453	0.990072	0.580016	0.672976
F值	64.80049 (0.000000)	60.08312 (0.000000)	5.941082 (0.000077)	5.989080 (0.000062)	97.82763 (0.000000)	87.26334 (0.000003)	1.578332 (0.267589)	1.800642 (0.226447)

注：括号内数值为标准差；***、**、*分别表示在1%、5%和10%的显著性水平（因新疆经济区和青藏高原经济区都是各自只有一个省份的数据在其经济区内，无法进行面板数据回归，因此将这两个经济区合为一个经济区进行回归分析）。

表 5-7 各经济区回归结果比较

	东北经济区		环渤海经济区		泛长三角经济区		南部沿海经济区		湘鄂赣经济区		西南经济区		北部高原经济区		新疆—青藏高原经济区	
	技术创新用专利申请数表征	技术创新用新产品销售收入份额表征	技术创新用专利申请数表征	技术创新用新产品销售收入份额表征	技术创新用专利申请数表征	技术创新用新产品销售收入份额表征	技术创新用专利申请数表征	技术创新用新产品销售收入份额表征	技术创新用专利申请数表征	技术创新用新产品销售收入份额表征	技术创新用专利申请数表征	技术创新用新产品销售收入份额表征	技术创新用专利申请数表征	技术创新用新产品销售收入份额表征	技术创新用专利申请数表征	技术创新用新产品销售收入份额表征
lnWLS 的回归结果	+	-	+	+	+	+	+	+	+	+	-	+	+	+	+	+
(lnWLS)² 的回归结果	×	×	√	√	√	×	×	×	×	×	×	×	×	×	×	×
lnFGYH 的回归结果	-	+	-	-	+	+	-	+	+	+	-	+	+	+	+	+
(lnWLS)² 的回归结果	×	√	×	×	√	√	×	√	×	×	√	×	×	×	+	×
是否存在倒U型关系	否	否	否	否	否	否	否	否	否	否	否	否	否	否	否	否
对工业技术创新有何影响	可能阻碍	可能阻碍	促进	促进	促进	促进	可能促进	可能促进	可能阻碍	可能促进	可能阻碍	可能促进	可能阻碍	可能阻碍	可能阻碍	可能促进
lnSIZE 的回归结果	-	×	+	+	+	+	+	+	+	+	+	+	+	+	+	+
lnFDI 的回归结果	×	×	×	√	×	√	√	×	×	×	√	×	×	×	√	×
lnEDU 的回归结果	+	√	+	√	+	×	+	+	√	√	+	√	+	√	×	√
回归结果	√	×	√	√	√	×	√	×	√	√	√	×	√	×	√	×

注：回归系数正值用"+"表示，负值用"-"表示，通过显著性检验用"√"，未通过显著性检验用"×"表示。

第五节 本章小结

本书运用 2006~2015 年中国省级面板数据，构建"物流业市场结构——工业技术创新"的固定效应模型，研究结果表明，物流业市场结构对中国工业技术创新的影响存在区域差异，物流业集中度的提高有利于工业的技术创新。也就是说，针对不同地区需要采用因地制宜的物流业发展措施，以使表现出不显著影响的地区能提升物流业集中度，从而改变成促进方向；而本就是促进方向的地区要在进一步提高物流业集中度的基础上增强其影响效率，以此推进物流业发展水平的提高，增强对中国工业技术创新的促进作用。当然，总体而言，物流业市场结构对中国工业技术创新的影响是不显著的，产生这一结果的根本原因在于物流业自生创新能力普遍比较低下。首先，由于物流业自身创新能力不足，造成其对外溢出能力较弱，从而反馈效应对工业发展的影响是较弱的；另外，余典范等（2011）认为，在第二产业中，产业关联的差异性比较大，如烟草制品业、食品加工制造业等一些行业产业链条相对较短，产业关联的特征不显著，其感应能力较弱，因而受其他产业的影响比较小。这充分说明，在我国产业转型升级过程中，产业融合发展是非常重要的一条途径，这样可以拉伸产业链，促进产业之间的技术融合，加快产业的转型升级。

此外，本章还就工业企业规模、经济开放程度、人力资本水平等因素对工业技术创新的影响进行了分析。研究发现，经济开放程度、人力资本水平的提高有利于技术创新；工业企业规模对工业的专利申请数和新产品销售收入份额均存在为正的影响，同时，交通基础设施与工业技术创新也存在正相关关系。

近年来，高投入低产出、产业层次低、技术创新能力弱的中国粗放式经济发展模式有了一定的改观。基于本章得出的经验，当提高技术创新能力成为主导经济结构调整的核心逻辑时，一个存在合理性的物流业市场结构是非常必要的。其中的政策含义是，当前，中国应加快物流业改革，破解物流业对技术创新支撑的"瓶颈"，在加快交通基础设施建设的同时更要着眼于提高物流服务质量，从而建立起一个与实体经济结构相匹配的合理的物流业市场结构。同时，经济开放和人力资本有利于技术创新，政府应继续保持经济开放和持续提高人力资本水平，营造工业技术创新的良好制度环境。

第六章
物流业市场结构对工业减排影响的实证分析

工业污染物排放是除技术创新之外的另一个与中国工业有关的问题,并且其一直饱受诟病。陈诗一(2009)指出,改革开放以来,工业产值与能源消耗之比为1:1.69,排放出的CO_2占全国总排放的83.1%,中国工业增长走的是"高投入、高消耗、高污染"的粗放型增长模式。不可避免地,工业污染问题与经济快速发展相伴而行。为此,转粗放型增长为集约型增长,并加大节能减排力度成为中国政府核心政策,并积极参与联合国气候变化大会的相关谈判和公约签订[①]。根据《中国应对气候变化的政策与行动2015年度报告》,截至2014年年底,单位GDP二氧化碳排放同比下降6.1%,比2010年累计下降15.8%。2015年6月中国政府承诺2030年减排目标:CO_2排放在2030年左右达到峰值,较2005年下降60%~65%。同时,提出了在国家"十三五"期间的约束性指标,即单位GDP能耗、CO_2/GDP排放量、化学需氧量分别下降15%、18%和10%。由此,如何促进工业减排的研究成为具有现实意义的一项艰巨工作。

一般认为,有三种因素可以帮助实现减少工业污染物排放:一是生产规模的压缩,二是工业污染物的排放强度的降低,三是经营活动的产业转移(从高排放强度到低排放强度),而其中最为根本、最为重要的途径则是降低工业污染物的排放强度(Ccpeland and Taylor,2003)。物流业集中度高的地区工业"三废"排放强度较低,而物流业集中度较低的地区工业"三废"排放较高。本章将运用2006~2015年省级面板数据,回归分析物流业市场结构对工业减排的影响。

环境库兹涅茨曲线是国内外学者多用来讨论工业污染物排放的方法,主要是用以分析经济增长与工业污染物排放之间的关系(常宁和李娜,2010),而本章

---

① 在此特指《联合国气候变化框架公约》。

则聚焦物流业市场结构影响下的工业污染物排放研究,与既往的文献相比,本书首次分析了物流业市场结构对工业减排的影响。

第一节 计量模型

分析对工业减排的影响的实质是分析对工业污染物排放的影响。物流业市场结构对工业污染物排放的影响如果为正向的,则预示着高物流业集中度促成低工业污染物排放,即工业减排将得益于物流业集中度提高。因此,本章在构建计量模型时,设置工业污染物排放为因变量,而物流业市场结构、物流业规模以及其他变量则置为自变量。

在对 NAFTA 协议的环境效应分析时,Gross 和 Krueger(1995)指出,随经济增长,环境质量将受到来自规模效应、结构效应和技术效应的影响。沿用 Gross 和 Krueger 的思路,包群、陈媛媛和宋立刚(2009)应用以上三类效应分析了 FDI 对中国环境质量的影响。此外,环境规制也是极具考虑价值的重要因素之一。为此,本书构建以下计量模型:

$$\ln PFS_{it} = \beta_0 + \beta_1 WLS_{it} + \beta_2 GDP_{it} + \beta_3 Rjcapital_{it} + \beta_4 EDU_{it} + \beta_5 Gyh_{it} + \beta_6 Lagrjgdpit + \beta_7 ERSit + \varepsilon_{it} \quad (6-1)$$

式中,下标 i、t 分别表示省份代码和年份,ε_{it} 为随机误差项,β_0 为常数项,β_1 到 β_7 分别为相应变量的系数。β_1 是重点要关注的,若 $\beta_1 < 0$,那么具有负向影响(即工业减排将得益于物流业集中度的提高),与前文的理论分析一致。各变量的具体含义如下:

PFS 为各地区工业污染物排放强度,即各地区工业污染物排放量与工业增加值之比。

WLS 为各地区物流业市场结构,与前文相同。

GDP 表示各地区国内生产总值,用以表达各地区经济发展程度。GDP 对工业污染物排放影响是具有双面性,在工业化初期,社会容易忽视环境质量,更关心增加就业和收入,此阶段必然会导致工业污染物快速排放的现象;但随着持续向好的经济发展水平,高要求的环境质量进入社会的视野,而进一步加大环境监管力度,又可能会导致单位工业增加值污染物排放下降。因此,GDP 前的系数符号有待于回归结果的检验。

Rjcapital 表示各地区的人均资本存量，用各地区物质资本存量除以劳动力从业人员数来度量。单豪杰（2008）以 1952 年为基准价格测算出了各省份的人均资本存量。通常，资本密集度越高，污染密集度也越高。

EDU 为各地区人力资本水平，用各地区人口平均受教育年限来度量。一般来说，人力资本水平高，则技术水平也随之高，因此，预期人力资本与工业污染物排放为负相关。

Gyh 为各地区工业化程度，用各地区工业增加值与 GDP 的占比来表示。理论上，不同增长模式下的工业化表现出不同的工业污染物排放影响结果。无疑，该影响也有赖于回归分析的结果。

Lagrjgdp 为滞后一期的人均 GDP，如 Copeland 和 Taylor（2003）所述，高人均 GDP 对应技术水平的先进性，因此预期其系数为负。

ERS 意为环境规制强度指数，借鉴郭际和张扎根（2015）的计算方法，同样也重点考察了工业"三废"排放量，在对各省份污染物排放的综合指数计算过程中，对郭际和张扎根（2015）加总平均的方法进行了改进，使用了加权平均，这样使计算结果更为准确。环境规制强度指数 ERS 越大，就代表环境规制越强，则企业的排污成本会提高。反之，环境规制就越弱。

第二节　数据来源与描述性统计

本章所用的各地区各种工业污染物排放量的原始数据均来自历年《中国环境年鉴》和各省份统计年鉴。因中国目前没有规范的物流统计数据，物流业方面的原始数据是经多方搜集整理获得，其来自历年《中国现代物流发展报告》、历年《中国统计年鉴》、历年各省份统计年鉴、各省份历年国民经济和社会发展统计公报以及部分省份的历年物流业运行情况通报。GDP、人均 GDP、工业增加值、劳动力从业人员数、工业化程度等数据来自历年《中国统计年鉴》，其中 GDP、人均 GDP 用 GDP 平减指数将名义值折算为 1991 年不变价。物质资本存量数据来自"复旦大学中国社会主义市场经济研究中心"网站数据库。原始的人力资本数据来自《中国统计年鉴》。环境规制强度的原始数据来自《中国环境年鉴》。

数据时间段定为 2006~2015 年，但将剔除数据缺失较多的西藏自治区。表 6-1 和表 6-2 显示了变量定义和描述性统计。

表 6-1 变量定义

名称	符号	定义
因变量		
工业二氧化硫排放强度	SO_2-s	工业二氧化硫排放量与工业增加值的比值
工业烟（粉）尘排放强度	Smoke-s	工业烟（粉）尘排放量与工业增加值的比值
工业废水排放强度	Water-s	工业废水排放量与工业增加值的比值
自变量		
物流业集中度	WLS	各省份物流业业增加值占全部物流业增加值的比重
国内生产总值	GDP	用 GDP 平减指数将名义 GDP 折算为 1991 年不变价的实际值
人均资本存量	Rjcapital	各地区物质资本存量与劳动力从业人员数的比值
人力资本水平	EDU	各地区人口平均受教育年限
工业化程度	Gyh	工业增加值占 GDP 的比重
滞后一期人均 GDP	Lagrjgdp	用 GDP 平减指数将名义 GDP 折算为 1991 年不变价的实际值，并取滞后一期
环境规制强度	ERS	用第 i 个地区第 j 种工业污染物的相对排放水平 e_{ij} 计算出地方污染物排放的综合指数 E_{ij}（用加权平均），然后得出 $ERS=1/E_{ij}$

表 6-2 变量描述性统计

变量	均值	标准差	最小值	最大值
SO_2-s	0.006629	0.007085	0.000299	0.050320
Smoke-s	0.004351	0.004615	0.000157	0.025208
Water-s	5.435965	4.658091	0.546892	30.14666
WLS	0.038077	0.029096	0.002371	0.115809
GDP	14013.39	11952.44	648.5000	62474.79
Rjcapital	3.959311	4.958524	0.240000	32.32900
EDU	8.575439	0.958679	6.593961	12.02836
Gyh	0.406804	0.079479	0.173000	0.556000
Lagrjgdp	29091.89	18584.76	5119.000	95123.00
ERS	1.149388	1.232135	0.190956	6.952939

图 6-1 至图 6-3 是分别初步检定了工业"三废"排放强度与物流业市场结构之间的关系的散点图。可以直观地看出,工业"三废"排放强度与物流业市场结构均呈负相关关系,随着物流业集中度的提高,工业"三废"排放强度会降低。

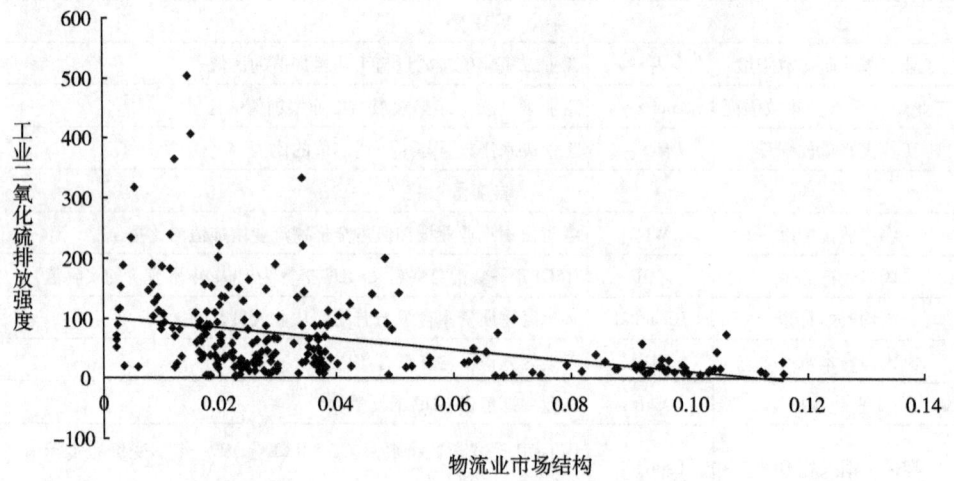

图 6-1 物流业市场结构与工业二氧化硫排放强度散点图

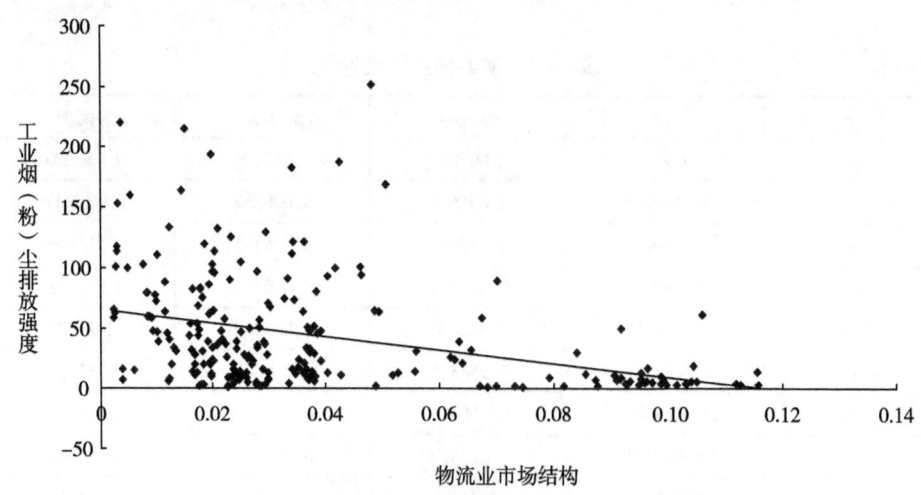

图 6-2 物流业市场结构与工业烟(粉)尘排放强度散点图

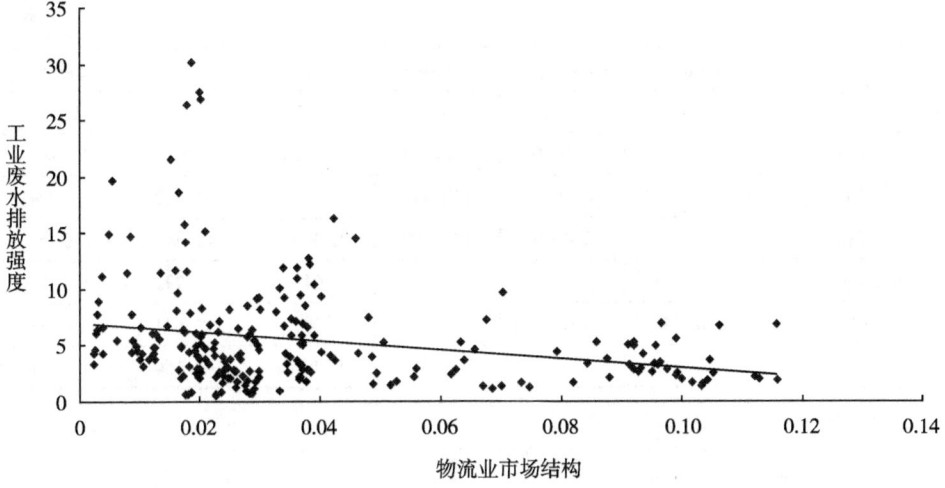

图 6-3 物流业市场结构与工业废水排放强度散点图

为了避免伪回归,并确保结果的有效和无偏,本书在回归前先对样本数据进行平稳性检验,得出表 6-3。表 6-3 显示,SO_2-s、Smoke-s、Water-s、WLS、EDU、Gyh、Lagrjgdp、ERS、FD 这九组变量在 5% 的显著水平下都通过了 Levin-Lin-Shin、Fisher-ADF 和 Fisher-PP 的检验。因此,工业"三废"排放强度、物流业市场结构、人力资本、工业化程度、滞后一期人均 GDP、环境规制强度以及物流业规模都是平稳序列;剩余的 GDP 和 Rjcapital 在 5% 的显著水平下都通过了 Levin-Lin-Shin 检验,因此可以认为,国内生产总值和人均资本存量属于平稳时间序列。观察表 6-3 看出,所有变量都可以被认定为平稳序列,可以做进一步的实证检验。

表 6-3 面板数据的平稳性检验

变量	Levin-Lin-Shin 检验		Fisher-ADF 检验		Fisher-PP 检验	
	T 统计量	P 值	χ^2	P 值	χ^2	P 值
$lnSO_2-s$	-13.0055	0.0000	120.210	0.0000	211.518	0.0000
lnSmoke-s	-12.2242	0.0000	105.892	0.0002	170.644	0.0000
lnWater-s	-7.23241	0.0000	71.5715	0.0000	136.569	0.0000
WLS	-19.9956	0.0000	193.756	0.0000	182.386	0.0000
GDP	-9.49363	0.0000	76.0598	0.0790	86.0849	0.0153

续表

变量	Levin – Lin – Shin 检验		Fisher – ADF 检验		Fisher – PP 检验	
	T 统计量	P 值	χ^2	P 值	χ^2	P 值
Rjcapital	-9.79465	0.0000	77.7254	0.0616	48.2315	0.8626
EDU	-16.1866	0.0000	138.991	0.0000	214.762	0.0000
Gyh	-12.2737	0.0000	120.329	0.0000	142.449	0.0000
Lagrjgdp	-10.9886	0.0000	79.9183	0.0438	86.9790	0.0130
ERS	-22.9447	0.0000	165.928	0.0000	197.634	0.0000
FD	-32.8638	0.0000	172.714	0.0000	170.364	0.0000

第三节 回归估计与讨论

一、全部样本的估计结果

首先对模型（6-1）进行全部样本数据估计，以工业"三废"排放强度作为因变量的估计结果由表6-4中列（1）、列（2）和列（3）给出，且 Hausman 检验显示，各列都采用固定效应模型。

以下分析都是在5%的显著水平下加以解释说明。

从表6-4的估计结果来看，物流业市场结构的系数均为未通过显著性检验的两正一负，说明所研究的影响并不显著，在表明物流业市场结构对不同污染物的影响不存在差异的同时，发现因变量为工业废水排放强度的系数与散点图趋势相反，这说明，物流业集中度的提高可能存在对工业废水排放强度促进的趋势。不显著结果背后的原因在于物流业自身发展存在的问题，尤其是物流业市场结构的不合理，因为张亚军等（2014）认为，在产业间的相互影响过程中，产业自身机制建设的重要性是大于产业之间的关联作用的。另外，物流企业的服务行为和较低的企业规模抑制了资本配置效率的提高。具体而言，资本配置效率的提高会受制于较低的物流业市场集中度，即资本因"肠梗阻"在行业间的流动受到阻滞,从而中国工业"三废"排放强度的降低被限制。

表6-4 物流业市场结构对中国工业减排影响的回归结果(全部样本)

	(1) 因变量为工业二氧化硫排放强度	(2) 因变量为工业烟(粉)尘排放强度	(3) 因变量为工业废水排放强度
常数项	-4.952561*** (0.571600)	-3.766445*** (0.785220)	2.976858*** (0.647319)
WLS	-0.667740 (1.334737)	-2.548722 (1.833558)	0.578206 (1.511547)
GDP	-7.83E-06** (3.15E-06)	-9.61E-06** (4.33E-06)	-1.95E-07 (3.57E-06)
Rjcapital	-0.007068 (0.005759)	-0.002797 (0.007911)	-0.006170 (0.006522)
EDU	0.082754 (0.064396)	-0.081140 (0.088463)	-0.031403 (0.072927)
Gyh	-1.392630*** (0.324323)	-1.751624*** (0.445530)	-0.955906*** (0.367286)
Lagrjgdp	-5.98E-06** (2.76E-06)	1.76E-06 (3.80E-06)	-9.85E-06*** (3.13E-06)
ERS	-0.311248*** (0.050855)	-0.603391*** (0.069861)	-0.531134*** (0.057592)
Hausman P 值	0.0000	0.0000	0.0000
模型	FE	FE	FE
R^2	0.985793	0.981255	0.965336
F 值	308.2189 (0.000000)	232.5249 (0.000000)	123.6991 (0.000000)

注:括号内数值为标准差;***、**和*分别表示1%、5%和10%的显著性水平;Hausman 检验的原假设为随机效应模型,备选假设为固定效应模型,给定1%的显著性水平,若 Hausman 检验值大于 0.01,则接受原假设,否则拒绝原假设,即大于0.01则接受随机效应模型,小于0.01则接受固定效应模型。

表6-4中所列其他变量的估计结果分析如下:

GDP 对工业三废的排放强度均有显著的负向影响（虽然系数非常小），说明经济规模的扩大会降低工业污染物的排放强度，这反映出经济规模对不同污染物的影响不存在差异。

人均资本存量在各列中的系数均不显著为负，说明人均资本存量对不同污染物不存在影响差异。提升人均资本存量，对工业"三废"的排放强度影响不显著。柯普兰和泰勒（2003）认为，资本密集度越高，污染密集度也越高，本书研究表明，针对不同污染物，在不同的显著性水平下结论可能存在出入。

人力资本在各列中的系数均有正有负，且都没有通过显著性检验，这说明不论是对于哪种工业污染物，各地区人力资本水平的提高对工业污染物的排放强度没有显著影响。而前人的研究显示：较高的人力资本水平能使企业更有条件在生产、环保方面采用较先进的技术，因而高人力资本水平的地区，降低工业污染物排放强度更有优势。本书的结果所得出的结论可能存在出入。

工业化程度在各列中的系数均显著负相关，说明工业规模的扩大对各列排放强度的基本不存在影响差异，即工业化程度降低了工业污染物的排放强度。

滞后一期的人均 GDP 在各列中的系数均为负，且在列（1）和列（3）中通过了显著性检验，说明滞后一期的人均 GDP 对不同污染物的影响存在差异。越高的滞后一期的人均 GDP，越有助于工业二氧化硫和工业废水的排放强度的降低。

在环境规制强度方面，各列中的系数均显著为负，反映出环境规制强度有助于工业"三废"强度的降低，与预期一致。

二、分区域的估计结果及比较

由于区域间明显的经济水平差异，物流业市场结构对工业"三废"排放也存在影响的差异。因此，按照国家统计局的标准分类，将数据划入东部 11 个省份、中部 8 个省份、西部 12 个省份，进一步回归分析影响的情况。回归及检验结果如表 6-5 所示。

东部地区、中部地区和西部地区同全国样本估计结果有很大差异，在西部地区各类工业污染物指标中，物流业市场结构的系数均通过了显著性检验，且表明随着物流业集中度的提高，工业二氧化硫和工业烟（粉）尘排放强度将降低，而工业废水排放强度将增加；在东部地区各类工业污染物指标中，物流业市场结

表6-5 物流业市场结构对中国工业减排影响的回归结果（东中西部）

	东部			中部			西部		
	（DB1）因变量为工业二氧化硫排放强度	（DB2）因变量为工业烟（粉）尘排放强度	（DB3）因变量为工业废水排放强度	（ZB1）因变量为工业二氧化硫排放强度	（ZB2）因变量为工业烟（粉）尘排放强度	（ZB3）因变量为工业废水排放强度	（XB1）因变量为工业二氧化硫排放强度	（XB2）因变量为工业烟（粉）尘排放强度	（XB3）因变量为工业废水排放强度
常数项	-7.017738*** (0.804101)	-1.853853* (0.427082)	2.364661*** (0.659495)	-4.292318*** (0.623529)	-6.862582*** (0.746809)	2.965008*** (0.875761)	-4.524020*** (0.487450)	-3.854065*** (0.759394)	2.761881*** (0.849619)
WLS	2.280487** (1.173177)	0.871471 (1.420788)	1.289976 (0.962199)	-2.517849 (2.535437)	-8.701400*** (3.036725)	-2.502928 (3.561078)	-7.121780*** (2.380240)	-8.424245** (3.708155)	11.22356*** (4.148728)
GDP	-1.04E-05*** (3.22E-06)	-1.62E-06 (3.90E-06)	1.47E-06 (2.64E-06)	-1.70E-05** (7.55E-06)	-7.61E-06 (9.05E-06)	5.16E-06 (1.06E-05)	1.16E-05 (7.05E-06)	5.16E-06 (1.10E-05)	4.04E-05*** (1.23E-05)
Rjcapital	-0.000610 (0.004888)	0.002813 (0.005919)	-0.005100 (0.004009)	0.022466 (0.014852)	-0.013748 (0.017788)	-0.011078 (0.020860)	-0.051800** (0.020170)	-0.063101*** (0.031426)	0.059523* (0.035157)
EDU	0.169270* (0.085661)	-0.494140*** (0.103741)	0.010948 (0.070256)	-0.032598 (0.068081)	0.294398*** (0.081541)	-0.088724 (0.095621)	0.118784** (0.057880)	-0.011460 (0.090170)	-0.022524 (0.100884)
Gyh	-0.750088* (0.387743)	-0.498149 (0.469580)	-0.875691*** (0.318013)	-0.960968** (0.453393)	1.072447* (0.543035)	0.239773 (0.636801)	-0.317501 (0.394730)	-1.251977** (0.614947)	-0.149635 (0.688010)
Lagrjgdp	-1.02E-05*** (3.30E-06)	-1.04E-06 (3.99E-06)	-1.03E-05*** (2.70E-06)	1.87E-05** (8.37E-06)	1.20E-05 (1.00E-05)	1.09E-05 (1.18E-05)	2.32E-06 (5.40E-06)	2.10E-05*** (8.41E-06)	-2.04E-05** (9.40E-06)
ERS	-0.062918 (0.048506)	-0.263826*** (0.058743)	-0.341020*** (0.039783)	-0.888215*** (0.141036)	-2.272695*** (0.168921)	-1.311134*** (0.198089)	-1.802899*** (0.127773)	-2.187391*** (0.199056)	-2.435637*** (0.222707)
R²	0.985427	0.988116	0.991166	0.994941	0.996035	0.984243	0.991022	0.984707	0.975272
F值	169.0505 (0.000000)	207.8756 (0.000000)	280.4984 (0.000000)	374.5944 (0.000000)	478.5388 (0.000000)	118.9800 (0.000000)	289.7515 (0.000000)	169.0183 (0.000000)	103.5287 (0.000000)

注：括号内数值为标准差；***、**和*分别表示1%、5%和10%的显著性水平。

构的系数虽均为正值，但只有工业二氧化硫排放强度通过了显著性检验；在中部地区各类工业污染物指标中，物流业市场结构的系数均为负值，也仅工业烟（粉）尘排放强度通过了显著性检验。因此，可以推断，物流业市场结构与工业污染物排放可能存在倒U型关系。同时，其他变量也都显示了对不同污染物有不同的显著情况。以环境规制强度为例，在东部、中部和西部地区其对工业"三废"的系数均显著为负。对不同样本数据的估计结果进行比较，可以发现，物流业市场结构对各类工业污染物的排放强度仅全国样本表现为影响不显著，即从全国来看，物流业市场结构对工业"三废"的排放强度没有显著影响。同时，东部地区的滞后一期人均GDP与全国样本结果一致，对工业二氧化硫和工业废水的排放强度具有显著为负的影响。

对东、中、西部比较来看，在因变量为工业二氧化硫排放强度、工业烟（粉）尘排放强度时，东部地区WLS的系数要大于中、西部地区的，但因变量为工业废水排放强度时，东部地区WLS的系数小于西部地区的，介于中、西部地区之间。显示出东部地区对工业二氧化硫和工业烟（粉）尘排放强度具有更大的影响，但对工业废水排放强度却并不具有较大的影响。

同前所述，本章将全部样本再进一步划分为八大经济区来进行回归检验，结果如表6-6所示。

以下所有分析都是在5%的显著性水平下。

在东北经济区的回归呈现中，物流业市场结构对各类污染物的影响系数为非显著的正负各异，表明对各种工业污染物的排放强度的影响在东北经济区内不显著，有待进一步研究。

在环渤海经济区的回归结果中，物流业市场结构对各类污染物的影响系数均显著为正，表明当前环渤海经济区的物流业市场结构对工业污染物排放强度具有显著为正的影响，即当前的物流业市场结构提高了工业污染物的排放。同时，规模经济、滞后一期人均GDP在各列中的系数均显著为负，说明扩大规模经济、提高滞后一期人均GDP能显著降低工业"三废"的强度。此外，人力资本的结果与全国样本不同，人力资本在环渤海经济区对工业污染物排放的系数有正有负，且都不显著。其他变量的估计系数因不同污染物指标而有较大差异，在工业废水排放强度分析结果中，工业化程度、人均资本存量和环境规制强度的系数均显著为负，在工业二氧化硫排放强度的估计结果中，工业化程度的系数显著为负，而环境规制强度的系数为负但不显著，在工业烟（粉）尘的排放强度中，环

第六章 物流业市场结构对工业减排影响的实证分析

表6-6 物流业市场结构对中国工业减排影响的回归结果（八大经济区）

	东北经济区			环渤海经济区		
	(DB1) 因变量为工业二氧化硫排放强度	(DB2) 因变量为工业烟（粉）尘排放强度	(DB3) 因变量为工业废水排放强度	(HBH1) 因变量为工业二氧化硫排放强度	(HBH2) 因变量为工业烟（粉）尘排放强度	(HBH3) 因变量为工业废水排放强度
常数项	0.678078 (1.871514)	-0.661898 (2.547751)	0.955467 (2.290856)	1.119899** (0.482065)	1.081752 (0.859975)	1.209570*** (0.393177)
WLS	1.272498 (2.568613)	-2.298527 (3.496733)	0.197389 (3.144150)	10.86954*** (1.909913)	13.13802*** (3.407167)	7.760104*** (1.557742)
GDP	-2.47E-05 (2.49E-05)	-5.90E-05 (3.39E-05)	-4.37E-05 (3.05E-05)	-1.19E-05*** (2.22E-06)	-1.50E-05*** (3.95E-06)	-7.30E-06*** (1.81E-06)
Rjcapital	-0.065455 (0.037739)	-0.087103 (0.051375)	-0.100310* (0.046194)	-0.004839* (0.002494)	-0.008208* (0.004449)	-0.005791*** (0.002034)
EDU	0.175488 (0.228564)	0.413820 (0.311151)	0.027676 (0.279777)	0.081594 (0.051454)	0.055689 (0.091792)	-0.006034 (0.041967)
Gyh	-0.671675 (0.643227)	-0.869455 (0.875645)	0.494943 (0.787351)	-0.710836** (0.286339)	-0.401220 (0.510811)	-0.722130*** (0.233541)
Lagrjgdp	-6.35E-06 (1.24E-05)	-5.17E-06 (1.68E-05)	8.05E-06 (1.51E-05)	-1.06E-05*** (1.44E-06)	-1.06E-05*** (2.57E-06)	-1.03E-05*** (1.17E-06)
ERS	0.228234 (0.282707)	-0.030063 (0.384858)	-0.332611 (0.346052)	-0.041527 (0.029127)	-0.109349** (0.051960)	-0.108283*** (0.023756)
R^2	0.968078	0.970573	0.949189	0.986864	0.972772	0.989057
F值	40.43546 (0.000000)	43.97689 (0.000000)	24.90786 (0.000002)	191.2321 (0.000000)	90.94277 (0.000000)	230.0699 (0.000000)

注：括号内数值为标准差；***、**和*分别表示1%、5%和10%的显著性水平。

表 6-6 物流业市场结构对中国工业减排影响的回归结果（八大经济区）（续）

	泛长三角经济区			南部沿海经济区		
	(CSJ1) 因变量为工业二氧化硫排放强度	(CSJ2) 因变量为工业烟（粉）尘排放强度	(CSJ3) 因变量为工业废水排放强度	(NBY1) 因变量为工业二氧化硫排放强度	(NBY2) 因变量为工业烟（粉）尘排放强度	(NBY3) 因变量为工业废水排放强度
常数项	2.142685*** (0.510462)	2.643854*** (0.640340)	1.842814*** (0.436881)	4.068960*** (0.726810)	4.988813*** (0.773590)	2.137525*** (0.616137)
W1S	11.05297*** (3.474245)	15.28831*** (4.358204)	9.058247*** (2.973450)	-1.268472 (1.423997)	-4.831466*** (1.515651)	-2.363638* (1.207162)
GDP	-6.85E-06 (6.73E-06)	-1.55E-05* (8.44E-06)	-7.71E-06 (5.76E-06)	7.15E-07 (4.67E-06)	1.10E-05** (4.97E-06)	1.09E-05** (3.96E-06)
Rjcapital	-0.006596 (0.017667)	-0.018994 (0.022162)	-0.009856 (0.015120)	-0.157855** (0.059618)	-0.345856*** (0.063455)	-0.185182*** (0.050540)
EDU	-0.044220 (0.054177)	-0.145662** (0.067962)	-0.076471 (0.046368)	-0.062551 (0.074063)	-0.201272** (0.078830)	0.000713 (0.062785)
Gyh	-1.515022*** (0.383188)	-1.059773** (0.480684)	-1.025775*** (0.327954)	-3.542058*** (1.275771)	-3.888515*** (1.357884)	-0.536694 (1.081507)
Lagrjgdp	-1.10E-05* (5.05E-06)	-1.33E-06 (6.90E-06)	-7.34E-06 (4.71E-06)	-1.03E-05** (4.30E-06)	-4.29E-06 (4.58E-06)	-1.58E-05*** (3.65E-06)
ERS	-0.034696 (0.103640)	-0.333570** (0.130009)	-0.177130* (0.088701)	-0.164805 (0.130454)	0.115889 (0.138850)	-0.381740*** (0.110589)
R^2	0.965972	0.980048	0.967876	0.975882	0.982824	0.979600
F 值	59.53284 (0.000000)	103.1532 (0.000000)	63.27168 (0.000000)	76.87869 (0.000000)	108.7185 (0.000000)	91.23783 (0.000000)

注：括号内数值为标准差；***、**和*分别表示 1%、5% 和 10% 的显著性水平。

表6-6 物流业市场结构对中国工业减排影响的回归结果（八大经济区）（续）

	湘鄂赣经济区			西南经济区		
	(XEG1) 因变量为工业二氧化硫排放强度	(XEG2) 因变量为工业烟(粉)尘排放强度	(XEG3) 因变量为工业废水排放强度	(XN1) 因变量为工业二氧化硫排放强度	(XN2) 因变量为工业烟(粉)尘排放强度	(XN3) 因变量为工业废水排放强度
常数项	2.909963*** (0.972139)	3.604110*** (1.036245)	2.013119** (0.761903)	1.383530 (1.012573)	0.021590 (1.300734)	1.381632* (0.751509)
WLS	-2.455311 (6.420967)	-10.11629 (6.844386)	-2.054291 (5.032360)	6.060560 (4.251723)	12.34021** (5.461693)	9.527706*** (3.155536)
GDP	9.92E-06 (3.61E-05)	-3.26E-05 (3.84E-05)	1.02E-05 (2.83E-05)	-1.14E-05 (1.40E-05)	-2.33E-05 (1.80E-05)	1.39E-05 (1.04E-05)
Rjcapital	-0.028125 (0.038708)	-0.033247 (0.041260)	-0.025484 (0.030337)	-0.241824** (0.089658)	-0.351393*** (0.115174)	-0.097589 (0.066542)
EDU	0.031747 (0.109070)	-0.002501 (0.116263)	-0.001221 (0.085483)	0.096162 (0.115739)	0.202198 (0.148676)	0.040992 (0.085899)
Gyh	-1.765397 (1.305892)	-0.998730 (1.392007)	-1.170218 (1.023478)	1.514076 (1.259016)	2.318671 (1.617311)	-0.911704 (0.934414)
Lagrjgdp	-1.45E-05 (2.05E-05)	1.07E-05 (2.18E-05)	-1.87E-05 (1.61E-05)	-1.48E-05 (8.52E-06)	-1.64E-05 (1.09E-05)	-3.07E-05*** (6.33E-06)
ERS	-0.836383 (0.524816)	-1.542931** (0.559424)	-0.592667 (0.411318)	-0.479828** (0.230324)	-0.514522* (0.295870)	-0.658146*** (0.170941)
R^2	0.928252	0.962121	0.945746	0.952191	0.931658	0.963520
F值	20.12528 (0.000002)	39.51118 (0.000000)	0.910868 (0.000000)	41.82522 (0.000000)	28.62763 (0.000000)	55.46574 (0.000000)

注：括号内数值为标准差；***、**和*分别表示1%、5%和10%的显著性水平。

表6-6 物流业市场结构对中国工业减排影响的回归结果（八大经济区）（续）

	北部高原经济区			新疆—青藏高原经济区		
	(BG1) 因变量为工业二氧化硫排放强度	(BG2) 因变量为工业烟（粉）尘排放强度	(BG3) 因变量为工业废水排放强度	(XQ1) 因变量为工业二氧化硫排放强度	(XQ2) 因变量为工业烟（粉）尘排放强度	(XQ3) 因变量为工业废水排放强度
常数项	3.242249*** (0.589571)	4.175755*** (0.970769)	1.847972*** (0.663930)	2.878550*** (0.324747)	3.888672*** (0.511368)	2.338349*** (0.376127)
WLS	-4.354844 (4.123123)	-3.526629 (6.789005)	-7.461097 (4.643147)	0.206501 (4.652702)	-6.831957 (7.326459)	5.914334 (5.388833)
GDP	-1.98E-05 (1.28E-05)	-2.82E-05 (2.11E-05)	-1.41E-05 (1.44E-05)	8.46E-06 (1.55E-05)	-6.73E-06 (2.44E-05)	-1.78E-06 (1.79E-05)
Rjcapital	0.034563 (0.025551)	0.018673 (0.042071)	0.067455** (0.028773)	-0.173430** (0.052159)	-0.175181* (0.082132)	-0.214335*** (0.060411)
EDU	-0.059327 (0.076767)	-0.196780 (0.126402)	-0.068777 (0.086449)	0.037918 (0.043127)	-0.072154 (0.067911)	-0.062717 (0.049950)
Gyh	-0.286109 (0.624149)	-0.375665 (1.027705)	0.091225 (0.702869)	-2.341184*** (0.356159)	-3.181874*** (0.560832)	-2.550126*** (0.412509)
Lagrjgdp	-1.66E-05*** (5.93E-06)	-8.31E-06 (9.76E-06)	-2.28E-05*** (6.67E-06)	6.43E-06 (8.03E-06)	1.54E-05 (1.27E-05)	1.94E-05* (9.31E-06)
ERS	-0.168770 (0.414301)	-0.420049 (0.682174)	-0.219773 (0.466554)	0.465354** (0.173987)	0.844345** (0.273972)	0.448842* (0.201515)
R^2	0.922830	0.857097	0.929610	0.986699	0.971256	0.981848
F值	29.35249 (0.000000)	14.72179 (0.000000)	32.41620 (0.000000)	64.91034 (0.000007)	29.56585 (0.000101)	47.32974 (0.000021)

注：括号内数值为标准差；***、**和*分别表示1%、5%和10%的显著性水平。

境规制强度的系数显著为负，而工业化程度的系数为负但不显著。

在泛长三角经济区的回归结果中，物流业市场结构的系数与环渤海经济区的回归结果一样，也同样意味着在该经济区当前的物流业市场结构提高了工业污染物的排放。同时，规模经济、人均资本存量和滞后一期人均GDP的系数虽均为负值，但都不显著，说明规模经济、人均资本存量和滞后一期的人均GDP对各种工业"三废"强度没有显著的影响。此外，人力资本和环境规制强度对工业"三废"强度的影响均为负值，但仅工业烟（粉）尘的排放强度显著，说明人力资本和环境规制强度在泛长三角经济区对工业"三废"强度的影响是存在差异的。工业化程度对工业"三废"强度的系数均呈现显著的负值，与全国样本结果一致。

在南部沿海经济区的回归结果中，物流业市场结构和人力资本仅对工业烟（粉）尘的排放强度有显著的负影响，规模经济对工业烟（粉）尘和工业废水的排放强度有显著的正影响，与全国样本结果相反。人均资本存量对各种工业污染物排放均有显著的负影响。滞后一期人均GDP对工业二氧化硫和工业废水的排放强度显著为负，工业化程度对工业二氧化硫和工业烟（粉）尘显著为负，环境规制强度对工业废水显著为负，表明滞后一期人均GDP、工业化程度和环境规制强度部分符合全国样本的结果。

在湘鄂赣经济区，除环境规制强度对工业烟（粉）尘显著为负之外，其他变量无论正或负，均没有通过显著性检验。说明在该经济区其他变量对工业污染物排放强度的影响并不显著。

在西南经济区，物流业市场结构对工业烟（粉）尘和工业废水排放强度有显著的负影响，规模经济、人力资本和工业化程度对各种工业污染物排放均没有显著影响，人均资本存量对工业二氧化硫和工业烟（粉）尘有显著的负影响，环境规制强度对工业二氧化硫和工业废水排放强度有显著的负影响。

在北部高原经济区，除滞后一期人均GDP对工业二氧化硫和工业废水有显著的负影响之外，其他变量对各排放强度均没有显著影响。

在新疆—青藏高原经济区，工业化程度对各种工业污染物的排放强度均为负的影响，与全国样本一致。但环境规制强度对工业二氧化硫和工业烟（粉）尘的排放强度显著为正，与全国样本相反。人均资本存量对工业二氧化硫和工业废水的排放强度显著为负，部分与全国样本结果相符。

对全国和各经济区不同样本数据的估计结果进行比较，可以发现，在各经济区的回归结果中,影响存在非常明显的差异,仅环渤海经济区和泛长三角经济区完全支持了全国样本的回归结果;而就系数来看,南部沿海经济区、湘鄂赣经济区、北部高原经济区的结果却与全国样本回归结果完全相反,但却与图6-1至图6-3散点图的趋势一致。其他变量的系数比较结果如表6-7所示。

表6-7 不同样本回归结果的系数比较

	全国	东北经济区	环渤海经济区	泛长三角经济区	南部沿海经济区	湘鄂赣经济区	西南经济区	北部高原经济区	新疆—青藏高原经济区
GDP	负	相同	相同	相同	相反	部分相同	部分相同	相同	部分相同
Rjcapital	负	相同	相同	相同	相同	相同	相同	相反	相同
EDU	负	相反	部分相同	相同	部分相同	部分相同	相反	相同	部分相同
Gyh	负	部分相同	相同	相同	相同	相同	部分相同	部分相同	相同
Lagrjgdp	负	部分相同	相同	相同	相同	相同	相同	相同	相反
ERS	负	部分相同	相同	相同	部分相同	相同	相同	相同	相反

三、稳健性讨论

为了验证以上结果的可靠性,本部分引入物流业规模(FD)——各地区物流业增加值与GDP的比值,以进行稳健性估计,表6-8为稳健性结果。

表6-8 全国样本数据的稳健性估计结果

	(4)	(5)	(6)
	因变量为工业二氧化硫排放强度	因变量为工业烟(粉)尘排放强度	因变量为工业废水排放强度
常数项	-4.922796***	-3.681894***	2.962966***
	(0.565356)	(0.777796)	(0.646469)
FD	-0.919529*	-1.439135**	-0.050346
	(0.468952)	(0.645167)	(0.536234)
GDP	-7.24E-06**	-8.63E-06**	-1.83E-07
	(3.13E-06)	(4.31E-06)	(3.58E-06)

续表

	(4) 因变量为工业二氧化硫排放强度	(5) 因变量为工业烟(粉)尘排放强度	(6) 因变量为工业废水排放强度
Rjcapital	-0.006541 (0.005710)	-0.002226 (0.007856)	-0.006038 (0.006530)
EDU	0.087388 (0.063291)	-0.084520 (0.087073)	-0.026802 (0.072371)
Gyh	-1.433618*** (0.321955)	-1.818146*** (0.442934)	-0.957179** (0.368147)
Lagrjgdp	-6.46E-06** (2.75E-06)	1.09E-06 (3.78E-06)	-9.92E-06*** (3.14E-06)
ERS	-0.314161*** (0.050208)	-0.612756*** (0.069074)	-0.529329*** (0.057411)
Hausman P 值	0.0000	0.0000	0.0000
模型	FE	FE	FE
R^2	0.986055	0.981546	0.65311
F 值	314.0953 (0.000000)	236.2630 (0.000000)	123.6069 (0.000000)

注：括号内数值为标准差；***、**和*分别表示1%、5%和10%的显著性水平；Hausman检验的原假设为随机效应模型，备选假设为固定效应模型，给定1%的显著性水平，若Hausman检验值大于0.01，则接受原假设，否则拒绝原假设，即大于0.01则接受随机效应模型，小于0.01则接受固定效应模型。

通过将表6-4中的列（1）、列（2）、列（3）和表6-8中的列（4）、列（5）、列（6）可以看出，物流业市场结构对工业污染物排放的影响没有发生大幅变动，即在目前的物流业发展水平下，物流业市场结构对工业污染物排放的影响基本不显著，并且不存在倒U型关系，但也能看出，物流业规模对工业污染物排放存在影响的可能；其他各变量对工业污染物排放的影响也没有发生明显变化。因此，前文实证分析结果具有可靠性。

第四节 本章小结

对生态环境的呼声在今天日益高涨,降低工业污染物排放已然成为中国工业发展过程中不可回避的发展与社会问题。本章研究发现:物流业市场结构与工业污染物排放强度存在负相关趋势,即物流业市场集中度的提高有利于降低工业"三废"强度,进而有利于工业减排。就当前的物流业市场结构而言,全国样本虽然表现为不显著,但其因区域不同对不同的工业污染物排放强度的影响也存在相当差异,这说明物流业市场结构对工业减排影响的指标选取具有一定的敏感性,究其原因可能是,指标的计算误差、指标选取不合适或考察期内物流业发展波动极小,更可能是物流业自身机制建设的问题,因为张亚军等(2014)认为,在产业间的相互影响过程中,产业自身机制建设的重要性大于产业之间的关联作用。另外,物流企业的服务行为和较低的企业规模抑制了资本配置效率的提高。具体而言,资本配置效率的提高会受制于较低的物流业市场集中度,即资本因"肠梗阻"在行业间的流动受到阻滞,从而中国工业"三废"排放强度的降低被限制。同时,规模经济、人均资本存量、人力资本、工业化程度、滞后一期人均 GDP 和环境规制强度对排放强度具有显著的负向影响,即这些变量的提高(增加、进步)均有益于降低排放强度。

本章在发展工业 4.0 的背景下思考了如何降低中国工业污染物的排放。过去,理论界和各级地方政府往往只强调节能减排中的技术进步,其实基于本章的结论,物流业集中度的提高、规模经济、人均资本存量、人力资本、工业化程度、滞后一期人均 GDP 和环境规制强度的进步或提升都是降低中国工业污染物排放强度的有效手段。本章的研究结果特别指出,在服务经济发展的过程中,工业污染物排放问题已经与中国物流业之间呈现出密切联系的趋势。

以适应经济结构而产生的物流业市场结构不仅助力经济增长,更帮助有效地实现生态环境的发展目标。当前,中国物流业的集中度仍普遍偏低,从物流业的可持续发展和工业减排的角度来看,未来中国仍需在政策上进一步加强物流业的调整,以利于其集中度的提升,促进物流企业的规模化、集聚化、品牌化的形成与发展。

第七章
结论与政策建议

第一节 主要结论

近年来,第二产业增速放缓,但第三产业对经济增长的贡献逐渐加大,特别是在2015年其增加值占GDP比重达56.9%。但不容置疑的是,工业在我国未来国民经济相当长一段时期内,其主导地位是不容撼动的,中国经济发展的战略内容是"四梁八柱"支撑下的强大、可持续的工业,《中国制造2025》行动纲领的目标能否顺利实现,有赖于工业发展质量成效的直接影响。根据既有文献和从世界范畴来看,服务经济是未来经济的核心形态,更对经济的稳中求进起着不可替代的促动作用。对中国而言,物流业作为第三产业的重要组成部分,其市场结构对经济增长和工业发展都会产生重要影响,不仅将是提升产业内在的固有价值取向,也将是经济增长的根源。本书总结的基本结论:物流业市场结构对中国工业发展具有系统而深远的影响,匹配度较高的经济结构与物流业市场结构将不仅对整体经济振兴有益,更会促进基于跨工业化的工业发展质量提升。具体研究结论如下:

第一,自1978年以来,中国物流业市场结构经历了从成长到快速发展的四个阶段,物流业也结束了幕后命运,开启了"中国流通体制重建"的物流体系到当前外资物流企业进入后的产业提升发展,物流企业之间进入实质竞争阶段,且竞争也不断加强。同时,虽然初步形成了"四足鼎立"式竞争格局,但中国物流业低度集中寡占型市场结构并没有改变,改善空间仍很大。从物流业市场结构的区域轴来说，区域差异相当明显，经济较发达省份的物流业集中度明显要高于经济欠发达省份的物流业集中度，且区域间的这种不平衡在近年来有暂时无法扭转的趋势。

第二，就工业发展而言，从考察期内的产业增长来看，产业增长最快的行业是工艺品及其他制造业、橡胶与塑料制品业、黑色金属矿采选业、燃气生产和供应业、木材加工和木竹藤棕草制品业等；如果将产业增长分解为新企业形成和企业规模增长，那么新企业形成最快的行业为木材加工和木竹藤棕草制品业、非金属矿采选业、金属制品业、农副食品加工业、橡胶和塑料制品业等；研究还发现，经济较发达地区的工业产业增长和新企业形成较快，而经济欠发达省份则次之。从工业技术创新来看，随着时间推移，中国工业技术创新水平不断提升，高新技术产业呈现出较高的技术创新水平，资源采选业的技术创新水平较低，其他产业则介于二者之间；同时，无论是用哪种指标对技术创新进行表征，经济较发达地区的状况都好于经济欠发达地区。从工业污染物排放来看，各工业污染物排放量呈时间变化的一致模式，且排放强度会不断下降；同时，一些重化工产业（如电力、热力生产和供应业，黑色金属冶炼和压延加工业等）的工业污染物排放量和排放强度都较大；此外，从地区工业污染物排放特征看，海南省、青海省、北京市这三地是各种污染物排放量都较低的地区，而各种污染物排放量都较高的地区则是山西省、河南省、河北省、山东省等地；但就工业污染物排放强度而言，与工业污染物排放量的规律有所不同，工业污染物排放强度的高低与经济发达状况相反。

第三，通过对相关理论的推演表明，与经济结构失谐的物流业市场结构无法满足中国工业整体的产业增长需要；根据物流业市场结构对工业发展影响的四个本质特征指出，工业发展主要体现在工业升级，物流业的主要功能之一就是它能够积累人力资本和知识资本，深化生产的迂回过程，促进价值链升级的利润转移、增强技术创新引领与示范效应以及增强物流服务的差异化竞争优势来改变其市场结构，并将人力资本和知识资本引入生产过程，协调和控制专业化生产，有效地降低企业的生产成本，从而促进工业体系的发展。当然，这并不意味着物流业市场集中度越高越有利于促进工业发展。根据产业组织理论，高集中度产生垄断，而低集中度竞争又不充分，因此，可以说，适度集中度市场不仅有利于物流业自身的内生发展，也有利于其产业关联机制效应的充分发挥，从而促进相关产业的发展。

第四,对产业增长的观察分析,物流业市场结构对中国工业产业增长为不显著的负值,说明物流业市场结构对中国工业的影响存在不利性,且推动作用还没有充分发挥出来。在考虑了对外部物流依赖程度不同地区的影响差异后,物流业市场结构与外部物流依赖度的交互项则显著为负。研究结果均表明,物流业市场结构对中国工业产业增长的影响并不显著,产生这一结果的原因可能是,在考察期内,物流业还处于规模分散发展阶段,有效竞争不足,内部增长效应不明显。虽然劳动力和资本是最主要的生产要素,它们极大地影响着产业结构,但无论在要素生产率水平还是在增长率变化上,物流业与工业之间都存在着较大的差异,物流业内生增长并不强,市场需求增长率和企业进入率对物流业集中度起负向作用,且整个行业发展波动性太小,物流业市场结构在基本面上没有任何改变,因而导致了不显著的结果。受到各地区资源禀赋、产业结构、政策导向等因素的影响,物流业市场结构对中国工业产业增长的影响表现出一定的区域独特性,原因也不尽相同,但在总体趋势上,各地区物流业的增长效应与经济发展水平同向而行。具体而言,经济较发达的地区(如东部地区/南部沿海经济区),物流业市场结构虽然从系数本身上看是负的影响,但物流业对工业产业增长的规模经济效应已经显现,只是仍没有形成有效的市场结构。而经济欠发达地区(如中部地区、西部地区),因为工业产业发展较快而物流业发展严重滞后,或因为工业产业与物流业均发展滞后,导致规模经济效应没有显现,从而呈现非有效的物流业市场结构状态。

第五,目前,物流业市场结构对中国工业技术创新的影响显示为不确定性,在技术创新的不同表征下,影响也有不同的结论,产生这一结果的原因在于物流人才与技术落后,自身创新能力普遍比较低下,以及与工业之间的关系过于松散,所以对于技术创新的中介效应难以有效传导。由于物流业自身创新能力不足,造成其对外溢出能力较弱,从而反馈效应对工业发展的影响是较弱的;另外,在第二产业中,产业关联的差异性比较大,例如烟草制品业、食品加工制造业等一些行业产业链条相对较短,产业关联的特征不显著,其感应能力较弱,因而受其他产业的影响比较小。这充分说明,在我国产业转型升级过程中,产业融合发展是非常重要的一条途径,这样可以拉伸产业链,促进产业之间的技术融合,加快产业的转型升级。另外,个别区域有一个明显的趋势,即高物流业市场集中度有益于工业技术的创新,可以说随着物流业集中度的提高,物流业市场结构对中国工业技术创新存在促进的作用,但在目前的物流业发展水平下,其对中国工业技术创新的影响呈现更大的不确定性。此外，经济开放程度、人力资本水平的提高是有利于技术创新的；工业企业规模对工业的专利申请数和新产品销售收入份额均存在正的影响，同时，交通基础设施与工业技术创新也存在正相关关系。

第六，对工业减排的研究发现，物流业市场结构与工业"三废"强度存在负相关趋势，即提高物流业市场集中度是满足工业"三废"强度降低的有效手段，进而成为工业减排的成熟条件。但就当前的物流业市场结构而言，其对工业污染物排放强度的影响不显著，结果背后的原因在于物流业自身发展的问题，尤其是物流业市场结构的不合理，因为在产业间的相互影响过程中，产业自身机制建设的重要性是大于产业之间的关联作用的。另外，物流企业的服务行为和较低的企业规模抑制了资本配置效率的提高。具体而言，资本配置效率的提高会受制于较低的物流业市场集中度，即资本因"肠梗阻"在行业间的流动受到阻滞，从而中国工业"三废"排放强度的降低被限制。同时，规模经济、人均资本存量、人力资本、工业化程度、滞后一期人均GDP和环境规制强度对工业"三废"强度具有显著的负向影响，即这些变量的提高（增加、进步）均有利于降低工业"三废"强度。

第七，物流业市场结构的多次历史变迁和工业在改革中的迅速发展变化，这就决定了物流业市场结构与工业发展之间关系的短期性和多变性。通过实证部分的结果可以发现，其背后可能的原因是中国工业在发展过程中与物流业市场结构的变化很不一样，工业产业发展较快，从而总体效应在不断上升，整个发展机制处于优化状态，这得益于内生性的加强，而物流业市场结构的变化则较为平滑，仅存在轻微的波动，显然，两类产业部门的生产机制存在明显差异，部门间存在关联不匹配现象，进而导致物流业市场结构对工业发展的影响不明显，这在很大程度上源于其产业关联机制的效应没有充分发挥，也即物流业本身的内生性发展动力不足甚至是下降了，可能源于接受其他产业的反馈能力也变弱，从而开始阻碍其对于工业发展的支持性作用不尽明显。

第二节　政策建议

根据《中国制造2025》纲要的期望，并面对工业可持续发展目标，结合本

第七章 结论与政策建议

研究结论，本书提出以下政策建议：

第一，改善政府行为对资源配置的扭曲，创设产业发展政策，促进产业结构优化升级。

技术创新、节能减排一直是政府积极倡导的工业产业提升政策，但现有关于产业结构优化升级的大部分政策都仅仅更偏重于中国工业本身，如对科技成果转化的支持、对技术创新主体的明确等，缺乏关联产业视角下的相关政策。虽然有部分政策也提高了要加大物流业关键技术的研发应用，但偏重于强调技术创新所带来的高效性，却忽略了工业发展与物流业市场结构之间的密切关联；而现有的污染物减排政策更为笼统，并主要依赖行政手段来实现，同样也没有考虑与其有关联的物流业市场结构对工业污染物排放的影响。本书的研究结论指出，物流业市场结构对中国工业发展具有重要影响，不仅影响中国工业产业的增长，更会影响工业产业技术创新和工业减排。因此，在中国工业化进程中，高度重视物流业市场结构是非常必要的。就宏观政策层面而言，既要稳固发挥政府调节作用，又要不断强化企业的市场主体地位，以使市场在资源配置中起决定性角色。具体而言，在产业规模上，鼓励物流企业进行参股控股、兼并重组、协作联盟等，从而实现规模化运营；在生产方式上，提高物流服务的一体化、网络化、集约化、智能化、标准化、规范化运作发展水平，从而优化物流业市场结构；在发展模式上，鼓励产业间的企业战略深化，建立与工业发展质量相适应的物流服务体系。

第二，完善衔接顺畅的基础网络，调整产业空间布局，推进物流服务支撑下的融合发展。

近年来，物流业积极拓展服务领域、延伸服务链条，较好地发挥了经济发展中的基础性、战略性作用，但仍存在因市场结构不合理等问题所导致的难以适应日益增长的高品质、多元化、个性化的物流需求。加快推进物流业供给侧结构性改革，切实优化供给，以利于促进产业间、区域间融合发展具有重要的意义。具体从改善物流大通道政策而言，中国政府构建横贯境内外节点的物流网络，形成货畅点面辐射其流的跨边界物流大通道，通过区域间合理的功能分工和产业布局，有效降低区域间流通等壁垒，构筑起基于横纵向的跨地区联系，增强协同合作的跨区域效应，建设面向非松散型合作的现代物流产业集群走廊服务体系，满足高中低端等不同层次的物流服务需求，实现促进宏中微观层面的要素有效流通，最终完成优化经济资源配置、提升物流供给效率、促进经济多样化协同合作对工业支撑的核心逻辑。

第三，实施物流发展的地区差别化政策，缩小区域物流发展差距，促进区域间调和发展。

物流业市场结构在各区域存在明显差异，该趋势进一步扩大。鉴于此，若要降差距促协调发展，差异化的区域物流发展政策是必然选择。具体而言，应加大对"三大战略"重点区域、扶贫攻坚重点地区、交通物流重点领域等的政策倾斜和支持力度，鼓励经济欠发达地区依托"一带一路"倡议，通过形成具有重要枢纽功能的国际物流园区尽快培育整合型优秀企业群体，提高物流业集中度，以缩小与经济发达地区的差距，如有序引导内陆无水港发展，提升物流园区中物流组织服务，强化各种运输方式和不同运输组织形式间有效衔接，减少货物不必要的换装、倒运等。另外，重点围绕港口、大型综合性物流园区等枢纽节点，强化集疏运的配套建设，提升枢纽节点铁路、航路、陆路等之间的相互连接，突出集疏运的产业功能属性，打造枢纽节点进场微循环"最后一公里"梗阻，提高干支衔接效率。

第四，进一步推进市场化改革，提高工业化程度，为工业技术创新营造良好的市场环境。

中国工业发展的重要影响因素之一来自工业化程度。理论和实践经验均表明，物流业在国民经济中所占比重逐步增加，是与工业化的深入推进相伴而行的，其幅度应大于整个第三产业的增加幅度，进而工业通过与其配套的物流业实现价值创造。但中国物流业市场结构与工业发展异步性明显，呈现动态性失衡。尤其当中国工业发展要经历一个结构性、地区性过剩的新阶段，异步的物流业市场结构已经成为制约工业化和经济发展的"瓶颈"。因此，为了进一步提高工业化水平和工业技术创新能力、加速中国经济结构转型，有必要引导整合物流业的资源，推动建立一批具有影响力的物流企业，扩大其规模，提高其组织化程度，并使之市场化，从而优化竞争状况，提高竞争效率和服务质量，最终实现物流效应①的有效传导。

第五，打造"物流+工业信息"标准化云平台，促进产业间信息互通，为工业发展提供信息共享支持。

---

① 物流效应是特指工业化过程中，物流业所显示出来的对工业化的促进效应和与工业化的协同效应及其动态样，目前学术界将物流效应分解为价值实现效应、价值增值效应和价值优化效应。

当今,更多采用信息处理方法有利于物流运作效率的提升,这有赖于物流信息化建设,普遍应用的物流云技术将使产品流动更加流畅。我国应合理布局、有序入驻云台,并启动"互联网+高效物流"计划,构建和发展基于云计算的现代物流基础设施体系和管理系统,依托信息化高速公路,形成物流需求信息集成平台,即将车源、货源、仓储信息、物流供应链等多类别物流信息囊括其中,搭建基于物流基本功能之上的"五流合一"信息服务平台,实现所有信息的交互,从而实现高层次、宽领域的产业间信息共享,减少信息不对称,在提高多元基础设施系统的信息化装备能力的同时,破解物流运行成本居高不下的"肠梗阻",拓展综合物流服务和物流通道的外向型水平,从而实现物流效益最优化、物流业与工业发展这两个方面的双轨协同。

第六,通过加大投入着力提高人力资本水平,为工业技术创新和工业减排提供有力支撑。

改革开放以来,中国人力资本显著提升与投资偏低的问题并存。1995年以来,整个世界教育支出占GDP的平均比重为5.2%,发达国家为5.5%,发展中国家为4.6%,最不发达国家也达到了3.6%,而中国则一直保持在3.5%左右。20世纪90年代末,中国高校快速发展,招生数量迅速扩大,至2015年,尽管中国大学毕业生已达到749万人,但与全国总人口之比仅为5.51%,而发达国家在同期的平均水平则高于我国25%多。相较于收入水平相似的其他后发经济体,我国在中等教育这个层面上的人力资本投资非常欠缺,且区域差异化相当明显。因此,为促进中国工业发展质量,政府应持续推进在人力资本方面的投资力度,加快职业教育的发展,建立物流人才教育的分层次培养体系,同时以市场和企业的现实需求为重心,采取多种培养和培训相结合的劳动力市场,以便能及时地提供激励人力资本投资的信号。另外,由于人力资本在中国仍然存在投资不均衡的情况,经济欠发达地区的人力资本水平和人力资本投资都明显偏低于经济发达地区,因此,政府加大对经济欠发达地区的人力资本投资力度、一定程度上倾斜相关政策,以此缓解区域的人力资本差距,有效促进区域间经济协调发展。

第七,纵深推进实施国际化布局,与工业发展的"走出去"战略相伴而行。顺应中国工业国际化发展趋势,物流业也应积极开拓国际市场,这是物流业自身转型升级和与工业协调发展的必然要求。工业和物流业都应按照"十三五"规划中支持产业国际化发展的思路,积极实施国际化物流战略,为加速工业品的国际流通提供有效的途径和保证,促进对外贸易的发展。基于"一带一路"倡议目标,通过积极与"一带一路"沿线国家、各经济体的行业部门和国际组织建立广泛的联系,依托宏观的专项鼓励政策和微观的多元化、多层次工作机制,协同探索包括国际物流大通道建设、制度建设和物流便利化等方面的整合,实现国际与国内工业物流渠道的有效衔接和现代产业集群走廊的构建。

参考文献

[1] 安果, 伍江. 产业特性、市场结构与产业创新分析——基于固定成本的古诺创新模型 [J]. 广东社会科学, 2010 (3): 5-11.

[2] 包群, 陈媛媛, 宋立刚. 外商投资、污染排放与我国环境质量变化 [A]//宋立刚, 胡永泰. 经济增长、环境与气候变迁——中国的政策选择[C]. 北京: 社会科学文献出版社, 2009: 210-228.

[3] 白思然, 陈向青, 李丽红. 中国工业化与流通业发展动态关系分析 [J]. 商业经济研究, 2012 (34): 14-15.

[4] 蔡进. 我国物流业基本格局与发展趋势 [J]. 物流技术与应用, 2016 (1): 32-33.

[5] 陈宝启, 李为人. 生产性服务业的发展与我国经济增长方式的转变 [J]. 中国社会科学院研究生院学报, 2006 (6): 86-90.

[6] 陈国治, 李红, 李成友. 基于状态空间模型的我国物流业对经济增长的传导效应研究 [J]. 产经评论, 2014 (5): 108-114.

[7] 陈建军, 陈菁菁. 生产性服务业与制造业的协同定位研究——以浙江省69个城市和地区为例 [J]. 中国工业经济, 2011 (6): 141-150.

[8] 陈恒, 魏修建, 尹筱雨. 中国物流业发展的非均衡性及其阶段特征——基于劳动力投入的视角 [J]. 数量经济技术经济研究, 2016 (11): 3-22.

[9] 陈钊, 陆铭, 金煜. 中国人力资本和教育发展的区域差异: 对于面板数据的估算 [J]. 世界经济, 2004 (12): 25-31.

[10] 陈林, 朱卫平. 创新、市场结构与行政进入壁垒——基于中国工业企业数据的熊彼特假说实证检验 [J]. 经济学 (季刊), 2011 (2): 653-674.

[11] 陈诗一. 能源消耗、二氧化碳排放与中国工业的可持续发展 [J]. 经济研究, 2009 (4): 41-55.

[12] 陈诗一. 节能减排与中国工业的双赢发展: 2009-2049 [J]. 经济研

究，2010（3）：129-143.

[13] 常宁，李娜. 上海市经济增长与工业污染关系研究——基于环境库兹涅茨曲线假说 [J]. 上海财经大学学报，2010（4）：82-89.

[14] 程永伟，龚英. 我国物流业的产业联动发展研究 [J]. 北京交通大学学报（社会科学版），2014（1）：1-7.

[15] 柴志贤. 利用外资、环境约束与中国工业全要素生产率的增长——基于Malmquist指数与Malmquist-Luenberger指数的比较研究 [J]. 技术经济，2013（1）：64-70.

[16] 邓忠泉. 试论我国九大经济区域划分 [J]. 世界经济情况，2010（9）：61-65.

[17] 范荣华. 创新服务模式视角下物流业与制造业协同体系研究 [J]. 价格月刊，2016（3）：84-87.

[18] 冯泰文. 生产性服务业的发展对制造业效率的影响——以交易成本和制造成本为中介变量 [J]. 数量经济技术经济研究，2009（3）：56-65.

[19] 冯春晓. 我国对外直接投资与产业结构优化的实证研究——以制造业为例 [J]. 国际贸易问题，2009（8）：97-104.

[20] 富克斯. 服务经济 [M]. 许微云等译. 北京：商务印书馆，1987.

[21] 甘信华，刘峰. 物流业与三次产业发展的互动关系实证研究 [J]. 物流技术，2012（1）：39-44.

[22] 干春晖，郑若谷. 改革开放以来产业结构演进与生产率增长研究——对中国1978-2007年"结构红利假说"的检验 [J]. 中国工业经济，2009（2）：55-65.

[23] 桂寿平，游琼，杨丽敏. 我国物流业市场结构、效率与绩效的关系研究 [J]. 物流技术，2014（3）：96-99.

[24] 龚晓丹. 全面开放后的中国物流市场结构分析 [J]. 世界经济情况，2009（1）：90-96.

[25] 工信部赛迪智库工业经济研究所"工业发展质量"课题组. 中国工业发展质量区域排行榜 [J]. 中国工业评论，2016（7）：34-46.

[26] 高传胜，刘志彪. 生产者服务与长三角制造业集聚和发展——理论、实证与潜力分析 [J]. 上海经济研究，2005（8）：35-42.

[27] 郭际，张扎根. 环境规制强度对技术创新影响的差异性研究——基于

2003 – 2006 年省级数据的实证分析 [J]. 工业技术经济，2015（3）：85 – 90.

[28] 何博. 制造业与物流业联动机理系统动力学分析 [J]. 重庆工商大学学报（社会科学版），2016（4）：15 – 23.

[29] 胡际，陈雯. 生产者服务业对第二产业 TFP 影响的实证分析——基于 2001 – 2008 年省际行业面板数据 [J]. 财经问题研究，2012（2）：33 – 39.

[30] 黄志斌，王晓华. 产业生态化的经济学分析与对策探讨 [J]. 华东经济管理，2000（3）：7 – 8.

[31] 黄福华，谷汉文. 中国现代制造业与物流业协同发展对策探讨 [J]. 中国流通经济，2009（8）：17 – 20.

[32] 黄菁. 环境污染与工业结构：基于 Divisia 指数分解法的研究 [J]. 统计研究，2009（12）：68 – 73.

[33] 黄莉芳，黄良文，郭玮. 生产性服务业提升制造业效率的传导机制检验——基于成本和规模中介效应的实证分析 [J]. 财贸研究，2012（3）：22 – 30.

[34] 黄珊. 物流业发展促进产业结构优化的动态效应研究 [J]. 商业经济研究，2016（3）：76 – 78.

[35] 何黎明. 我国物流业"十二五"发展回顾与"十三五"展望 [J]. 中国流通经济，2016（3）：5 – 9.

[36] 何小洲，张伶俐，邓正华. 物流产业对区域经济结构的影响效应分析——以重庆市物流产业发展为例 [J]. 科技管理研究，2007（6）：118 – 119，129.

[37] 蒋博. 中国物流业市场集中度研究 [J]. 新西部，2011（11）：88.

[38] 江静，刘志彪，于明超. 生产者服务业发展与制造业效率提升——基于地区和行业面板数据的经验分析 [J]. 世界经济，2007（8）：52 – 62.

[39] 金碚，吕铁，邓洲. 中国工业结构转型升级：发展、问题与趋势 [J]. 中国工业经济，2011（2）：5 – 15.

[40] 金碚. 资源约束与中国工业化道路 [J]. 求是，2011（18）：36 – 38.

[41] 孔婷，孙林岩，冯泰文. 生产性服务业对制造业效率调节效应的实证研究 [J]. 科学学研究，2010（3）：357 – 364.

[42] 课题组. 生产性服务业深度参与产业结构战略调整的作用机制 [J]. 中国流通经济，2013（4）：13 – 19.

[43] 黎忠诚, 徐磊, 段雅丽, 樊锐. 基于灰色关联分析的湖北省制造业与物流服务业协调发展研究 [J]. 物流技术, 2009 (10): 38-42.

[44] 李江帆, 毕斗斗. 国外生产服务业研究述评 [J]. 外国经济与管理, 2004 (11): 16-19.

[45] 刘世彦. 三次产业管理分析及发展第三产业建议 [J]. 江苏统计, 2000 (6): 36-37.

[46] 李士梅. 当前中国制造业发展面临的主要问题及对策研究 [J]. 中央财经大学学报, 2004 (12): 55-59.

[47] 李钢, 廖建辉, 向奕霓. 中国产业升级的方向与路径——中国第二产业占GDP的比例过高了吗 [J]. 中国工业经济, 2011 (10): 16-26.

[48] 李江帆, 曾国军. 中国第三产业内部结构升级趋势分析 [J]. 中国工业经济, 2003 (3): 34-39.

[49] 刘明宇, 芮明杰, 姚凯. 生产性服务价值链嵌入与制造业升级的协同演进关系研究 [J]. 中国工业经济, 2010 (8): 66-75.

[50] 梁红艳, 王健. 中国物流业发展对工业效率的影响及其渠道研究 [J]. 科研管理, 2013 (12): 120-126.

[51] 刘秉镰, 林坦. 制造业物流外包与生产率的关系研究 [J]. 中国工业经济, 2010 (9): 67-77.

[52] 梁红艳. 物流业集聚、空间外溢效应与工业生产率提升 [J]. 中国流通经济, 2015 (1): 32-42.

[53] 李全宏. 现代农产品加工业、物流业的发展趋势和技术取向 [C]. 中外农产品贮藏加工与安全科技大会, 2004年10月.

[54] 李江虹, 常春英, 陈思嘉, 薛珂君, 徐晨. 广东省物流业与制造业协调联动发展探析 [J]. 物流技术, 2011 (23): 34-36.

[55] 李艳梅, 张雷, 程晓凌. 中国碳排放变化的因素分解与减排途径分析 [J]. 资源科学, 2010 (2): 218-222.

[56] 李学工. 论物流产业对国民经济的贡献 [J]. 北京工商大学学报 (社会科学版), 2003 (6): 1-4.

[57] 李欣婷, 胡永进, 李秋淮. 安徽物流业投入产出分析及政策建议 [J]. 江淮论坛, 2012 (3): 70-75.

[58] 刘雪妮, 宁宣熙, 张冬青. 长三角经济增长与物流产业发展关系的实

证分析[J]. 企业经济, 2007 (3): 97-99.

[59] 李兰冰. 基于 SCP 理论的物流市场结构特征剖析[J]. 物流技术, 2008 (12): 5-8.

[60] 刘和旺, 郑世林, 王宇锋. 所有制类型、技术创新与企业绩效[J]. 中国软科学, 2015 (3): 28-40.

[61] 李占芳, 许静. 不同所有制企业的创新差异研究[J]. 改革与战略, 2015 (3): 44-49.

[62] 陆文聪, 李元龙. 中国工业减排的驱动因素研究: 基于 LMDI 的实证分析[J]. 统计与信息论坛, 2010 (10): 49-54.

[63] 刘龙生, 胡鞍钢. 基础设施的外部性在中国的检验: 1988—2007[J]. 经济研究, 2010 (3): 4-15.

[64] 李松庆, 吴童. 物流业与制造业的空间协同定位关系——基于广东省 21 个城市实证分析[J]. 物流科技, 2017 (1): 15-17.

[65] 李正锋. 物流业发展对江苏沿海经济增长作用的实证研究[J]. 华东经济管理, 2009 (11): 6-8.

[66] 刘雪妮, 宁宣熙, 张冬青. 产业集群演化与物流业发展的耦合分析——兼论长三角制造业集群与物流产业的关系[J]. 科技进步与对策, 2007 (9): 161-166.

[67] 倪超军, 李俊凤. 供给侧改革视角下我国物流业的技术效率评价——基于生产前沿模型和 β 收敛的实证[J]. 工业技术经济, 2016 (12): 115-122.

[68] 聂正彦, 李帅. 物流业对中国经济增长影响的区域差异——基于 1998-2013 年省级面板数据的实证分析[J]. 产经评论, 2015 (5): 92-100.

[69] 彭绍仲. 全球商品链的内在动力机制与外部结构均衡[J]. 中国工业经济, 2006 (1): 56-63.

[70] 彭本红, 冯良清. 现代物流业与先进制造业的共生机理研究[J]. 商业经济与管理, 2010 (1): 18-25.

[71] 庞瑞芝, 李鹏, 路永刚. 转型期间我国新型工业化道路增长绩效及其影响因素研究——基于"新型工业化"生产力视角[J]. 中国工业经济, 2011 (4): 64-73.

[72] 潘斌, 彭震伟. 产业融合视角下城市工业集聚区的空间转型机制——

基于上海市的三个案例分析 [J]. 城市规划学刊, 2015 (2): 57-64.

[73] 潘斌. 基于文献计量法分析我国物流业市场结构研究现状及研究综述 [J]. 物流科技, 2015 (9): 7-11.

[74] 彭昀. 山东地区物流产业与区域经济联系研究 [D]. 长安大学硕士学位论文, 2009.

[75] 彭本红. 现代物流业与陷阱制造业的协同演化研究 [J]. 中国软科学, 2009 (5): 149-153.

[76] 普荣, 白海霞. 中国物流业发展的时空格局演进: 从梯度到均衡 [J]. 改革与战略, 2016 (1): 113-117.

[77] 秦金中. 我国物流业发展水平与碳排放内生性研究——基于协整和脉冲响应函数的视角 [J]. 物流技术, 2014 (3): 183-185.

[78] 千庆兰, 陈颖彪, 李雁, 莫星. 广州市物流企业空间布局特征及其影响因素 [J]. 地理研究, 2011 (7): 1254-1261.

[79] 沈家文. 生产性服务业与中国产业结构演变关系的量化研究 [M]. 北京: 经济管理出版社, 2012.

[80] 沈飞飞, 徐健. 中部地区物流业对区域经济增长的实证分析 [J]. 商业时代, 2009 (35): 23-24.

[81] 单豪杰. 中国资本存量K的再估算: 1952-2006年 [J]. 数量经济技术经济研究, 2008 (10): 17-31.

[82] 申静, 耿瑞利, 陈中华. 中国物流业服务创新能力评价 [J]. 技术经济, 2016 (5): 38-45, 131.

[83] 唐建荣, 汪肖肖. 东部地区物流业竞争力影响要素研究 [J]. 北京交通大学学报 (社会科学版), 2016 (1): 122-127.

[84] 田刚, 李勇. 中国物流业技术进步与技术效率研究 [J]. 数量经济技术经济研究, 2009 (2): 76-87.

[85] 王珍珍, 陈功玉. 我国制造业不同子行业与物流业联动发展协调度实证研究——基于灰色关联模型 [J]. 上海财经大学学报 (哲学社会科学版), 2010 (3): 67-76.

[86] 汪斌, 金星. 生产性服务业提升制造业竞争力的作用分析——基于发达国家的计量模型的实证研究 [J]. 技术经济, 2007 (1): 44-47.

[87] 王业斌. 银行业市场结构对中国工业的影响研究 [D]. 中央财经大学

博士学位论文,2013.

[88] 吴延兵. 中国工业产业创新水平及影响因素——面板数据的实证分析 [J]. 产业经济评论,2006(2):155-171.

[89] 王少平,杨继生. 中国工业能源调整的长期战略与短期措施——基于12个主要工业行业能源需求的综列协整分析 [J]. 中国社会科学,2006(4):88-96.

[90] 魏际刚. 中国物流业中长期发展战略思路 [J]. 中国流通经济,2013(6):22-27.

[91] 韦琦. 工业、物流业结构变动与经济发展——美日中三国比较研究 [J]. 河南社会科学,2015(9):39-45.

[92] 吴勇,冯耕中,王能民. 我国典型物流公共信息平台商业模式的比较研究 [J]. 商业经济与管理,2013(10):14-21.

[93] 韦琦. 制造业与物流业联动关系演化与实证分析 [J]. 中南财经政法大学学报,2011(1):115-119.

[94] 王俊豪. 产业经济学(第二版) [M]. 北京:高等教育出版社,2012.

[95] 王健,钟俊娟. 我国物流业市场结构与市场绩效关系的研究——基于物流上市公司数据的实证检验 [J]. 东南学术,2013(3):99-108.

[96] 王蕾. 论我国物流产业融合对物流市场结构调整的影响 [J]. 商业经济研究,2017(1):73-74.

[97] 吴延兵. 中国哪种所有制类型企业最具创新性?[J]. 世界经济,2012(6):3-29.

[98] 吴延兵. 创新的决定因素——基于中国制造业的实证研究 [J]. 世界经济文汇,2008(2):46-58.

[99] 王金成,张梦天. 中国物流企业的布局特征与形成机制 [J]. 地理科学进展,2014(1):134-144.

[100] 魏后凯. 企业规模、产业集中与技术创新能力 [J]. 经济管理,2002(4):4-10.

[101] 吴延兵. 市场结构、产权结构与R&D——中国制造业的实证分析 [J]. 统计研究,2007(5):67-75.

[102] 谢泗薪,陈亚蕊. 绿色物流战略模式新探——基于产业需求驱动与高端服务发展视角 [J]. 中国流通经济,2013(2):34-38.

[103] 肖兴志,彭宜钟,李少林. 中国最优产业结构：理论模型与定量测算 [J]. 经济学（季刊），2013（1）：135 – 162.

[104] 肖林兴. 中国全要素生产率的估计与分解——DEA – Malmquist 方法适用性研究及应用 [J]. 贵州财经学院学报，2013（1）：32 – 39.

[105] 谢守红,王平. 中国主要城市物流业发展的差异及影响因素 [J]. 浙江师范大学学报（社会科学版），2016（1）：69 – 78.

[106] 杨公仆,夏大慰. 现代产业经济学 [M]. 上海：上海财经大学出版社，2005.

[107] 余典范,干春晖,郑若谷. 中国产业的关联特征分析——基于投入产出结构分解技术的实证研究 [J]. 中国工业经济，2011（11）：5 – 15.

[108] 原毅军,刘浩. 中国制造业服务外包与服务业劳动生产率的提升 [J]. 中国工业经济，2009（5）：67 – 76.

[109] 原毅军,刘浩,白楠. 中国生产性服务业全要素生产率测度——基于非参数 Malmquist 指数方法的研究 [J]. 中国软科学，2009（1）：159 – 167.

[110] 邹筱,张世良. 物流业与制造业协同发展研究综述 [J]. 系统工程，2012（12）：115 – 121.

[111] 张长森. 物流业与制造业协同发展实证分析与对策研究 [J]. 物流技术，2014（9）：299 – 301.

[112] 赵曼. 江苏省物流业与制造业协同发展研究 [D]. 江苏大学硕士学位论文，2010.

[113] 周君. 区域物流业对地区经济增长的影响分析 [J]. 统计与决策，2006（4）：109 – 112.

[114] 赵立波. 物流产业发展与经济增长关系实证分析 [J]. 中国流通经济，2012（10）：41 – 45.

[115] 张丕景,姜学民. 我国第三方物流市场结构分析 [J]. 生产力研究，2007（16）：70 – 71.

[116] 张婷. 区域工业化进程中的物流业推动效应研究 [J]. 统计与决策，2012（15）：90 – 92.

[117] 张彤. 价值链嵌入视角下的制造业与物流业互动升级 [J]. 中国流通经济，2016（5）：18 – 24.

[118] 张晓芹,李焕荣. 共享经济下中国物流业的升级路径探索 [J]. 广西

财经学院学报，2016（2）：86 - 91.

[119] 张亚军，干春晖，郑若谷. 生产性服务业与制造业的内生与关联效应——基于投入产出结构分解技术的实证研究 [J]. 产业经济研究，2014（6）：81 - 90.

[120] 周黎安，罗凯. 企业规模与创新：来自中国省级水平的经验证据 [J]. 经济学（季刊），2005（2）：623 - 638.

[121] 朱立，张富春. 从工业竞争力看中国与印度工业发展 [J]. 经验管理者，2013（30）：63.

[122] 朱慧，周根贵，任国岩. 制造业与物流业的空间共同集聚研究——以中部六省为例 [J]. 经济地理，2015（11）：117 - 124.

[123] 中国物流与采购联合会网站 [EB/OL]. http：//www.chinawuliu.com.cn/.

[124] 北京华通人商用信息有限公司网 ACMR [EB/OL]. http：//www.acmr.com.cn/.

[125] 中国现代物流发展报告（2013~2015）[M]. 北京：中国物资出版社.

[126] 全国物流运行情况通报（2006~2015）. http：//www.ndrc.gov.cn.

[127] 中国统计年鉴（2006~2015）[Z]. 北京：中国统计出版社.

[128] 国民经济与社会发展统计公报（2006~2015）. http：//www.ndrc.gov.cn.

[129] 中国工业经济统计年鉴（2006~2015）[Z]. 北京：中国统计出版社.

[130] 中国科技统计年鉴（2006~2015）[Z]. 北京：中国统计出版社.

[131] 中国环境统计年鉴（2006~2015）[Z]. 北京：中国统计出版社.

[132] 中国区域经济统计年鉴（2006~2015）[Z]. 北京：中国统计出版社.

[133] 新中国60年统计资料汇编 [C]. 北京：中国统计出版社，2009.

[134] Ackerman, K. B.: Pitfalls in Logistics Partnerships, International Journal of Physical Distribution and Logistics Management [J]. 1996, 26 (3): 35, 7.

[135] Aicha Aguezzoul. The Third Party Logistics Selection: A Review of Literature [J]. International Logistics and Supply Chain Congress' 2007, 2007 November

8-9, Istanbul, Turkiye.

[136] Akram EI korchi and Dominique Millet: Designing a Sustainable Reverse Logistics Channel: the 18 Generic Structures Framework [J]. Journal of Cleaner Production, 2011, 19 (3): 588-597.

[137] Alexandre M. Rodrigues: Linking Strategy, Structure, Process, and Performance in Integrated Logistics [J]. Journal of Business Logistics, 2004 (2): 65-94.

[138] Autry, C. W. And Griffis, S. E. : Supply Chain Capital: The Impact of Structural and Relational Linkages on Firm Execution and Innovation [J]. Journal of Business Logistics, 2008 (1): 157-174.

[139] Avinash K. Dixit, Joseph E. Stiglitz: Monopolistic Competition and Optimum of Product Diversity, The American Economic Review, 1977 (3).

[140] Avner Shaked and John Sutton: Product Differentiation and Industrial Structure [J]. The Journal of Industrial Economics, 1987, 36 (2): 131-146.

[141] Balan Sundarakani, Robert de Souza, Mark Goh, Stephan M. Wagner and Sushmera Manikandan: Modeling Carbon Footprints across the Supply Chain [J]. Int. J. Production Economics, 2010, 128 (5) : 43-50.

[142] Baumol W. , Panzar J. , Willing R. : Contestable Markets and the Theory of Industry Structure [M]. New York: Harrcourt Brace Jovanovich, 1982.

[143] Bayson J. R. : Business Service Firms, Service Apace and the Management of Change [J] . Entrepreneurship and Regional Development, 1997 (2): 93-111.

[144] Bloemhof-Ruwaard, J. M, Van Beek, P. , Hordijk, L. , van Wassenhove, L. N. : Interactions between Operational Research and Environmental Management [J]. European Journal of Operational Research, 1995, 85 (2): 229-243.

[145] Bowen J. T. . Moving Place: the Geography of Ware-housing in the US [J]. Journal of Transport Geography, 2008 (6): 379-387.

[146] Bowersox, D. J. : Logistical Management: A System Integration of Physical Distribution Management and Materials Management, Macmillan Publishing [M]. New York, NY, 1974.

[147] Comanor W. S. : Market Structure, Product Differentiation, and Industri-

al Research [J]. Quarterly Journal of Economics, 1967, 81 (4): 639-657.

[148] Copeland B. , Taylor S. Trade & the Environment: Theory and Evidence [M]. Princeton University Press, 2003.

[149] Damien Power, Moosa Sharafali and Vikram Bhakoo: Adding Value Through outsourcing: Contribution of 3PL Services to Customer Performance [J]. Proceedings of the 11th Annual Conference of Asia Pacific Decision Sciences Institute Hong Kong, 2006, 535-538.

[150] De Hayes, D. W. and Taylor, R. L. (1974): Moving Beyond the Physical Distribution Organization [J]. Transportation Journal, 1974, 13 (3): 38.

[151] D. Talukdar, C. M. Meisner. Does the Private Sector Help or Hurt the Environment? Evidence from Carbon Dioxide Pollution in Developing Countries [J]. World Development, 2001 (5): 827-840.

[152] Eswaran, Kotwal: The Role of the Service Sector in the Process of Industrialization [J]. Journal of Development Economics, 2002 (2): 67-82.

[153] Erda H. W. , A. Y. Lewin: Co-evolutionary Dynamics within and Between Firms: From Evolution to Co-evolution [J]. Journal of Management Studies, 2003 (40): 1536-1634.

[154] Fawcett, S. E. and Fawcett, S. A. : The firm as a Value Added System: Integrating Logistics, Operations, and Purchasing, The International Journal of Physical Distribution and Logistics Management, 1995, 25 (5): 24-42.

[155] Francois, J. Producer Services, Scale, and the Division of Labor [J]. Oxford Economic Papers, 1990 (4): 122-132.

[156] Gregory N. Stock: Logistics, Strategy and Structure: A conceptual Framework [J]. International Journal of Physical Distribution and Logistics, 1999 (4): 224-239.

[157] Grossman G. Krueger A. Environmental Impact of a North American Free Trade Agreement [R]. Paper Prepared for the Conference on United States-Mexico Free Trade Agreement, 1991.

[158] Grossman G. Krueger A. Economic Growth and the Environment [J]. Quarterly Journal of Economics, 1995, 110 (2): 353-337.

[159] Guerrieri Paolo, Meliciani Balentina: Technology and International Com-

petitiveness: The Interdependence between Manufacturing and Producer Services [J]. Structural Change and Economic Dynamics, 2005 (4): 21 – 23.

[160] Hansen M. Do Producer Services Induce Regional Economic Development? [J]. Journal of Regional Science, 1990, 30 (4): 465 – 476.

[161] Herbert G. Grubel, Michael A. Walker: Service Industry Growth: Cause and Effects [M]. Vancouver: Fraser Institute, 1989.

[162] H. J. Hsiao, R. G. M. Kemp, J. G. A. J. van der Vorst and S. W. F. Omta: A Classification of logistic Outsourcing Levels and Their Impact on Service Performance: Evidence from the food processing industry [J]. Int. J. Production Economics, 2010, 124: 75 – 86.

[163] Jefferson G. H., Bai H., Guan X., Yu X. R&D Performance in China Industry [J]. Economics of Innovation and New Technology, 2006, 15 (4/5): 345 – 366.

[164] Jeffrey P. Cohen: The Broader Effects of Transportation Infrastructure: Spatial Econometrics and Productivity Uncertainty [J]. Transportation Research Part E, 2010 (46): 317 – 326.

[165] John T. Mentzer, Matthew B. Myers and Mee – Shew Cheung: Global Market Segmentation for Logistics Services [J]. Industrial Marketing Management, 2004, 33: 15 – 20.

[166] Jones. W. and Kierzkowski. The Role of Services in Production and International Trade: A Theoretical Framework [Z]. Paper Presented at the Spring 1988 Meetings of the Midwest International Economics Conference, University of Minnesota – Minneapolis, 1998.

[167] Lars – Erik Gadde and Kajsa Hulthen: Logistics Outsourcing and the Role of Logistics Service Providers from an Industrial Network Perspective, Abstract Preview, 2009.

[168] Macpherson A. : The Role of Producer Service Out – sourcing in the Innovation Performance of NEW YORK State Manufacturing Firms [J]. Annals of the Association of American Geographers, 1997 (1): 52 – 71.

[169] Mats Abrahamsson and Sten Wandel: A Model of Tiering in the Third – Party Logistics with a Service Parts Distribution Case Study [J]. Transport Logistics,

1998 (3): 184.

[170] M. J. Healy, B. W. Ilbery: Location & Change: Perspectives of Economic Geography [M]. Oxford University Press, 1990.

[171] M. Soysal, J. M. Bloemhof‐Ruwaard, J. G. A. J. Van der Vorst: Modeling Food Logistics Networks with Emission Considerations: the case of an international beef supply chain [J]. Int. J. Production Economics, 2014, 152: 57–70.

[172] Muhammad D. Abdulrahman, Angappa Gunasekaran and Nachiappan Subramanian: Critical Barriers in Implementing Reverse Logistics in the Chinese Manufacturing Sectors [J]. Int. J. Production Economics, 2014, 147: 460–471.

[173] Pappas. N. P. Sheehan: The New Manufacturing: Linkage Between Production and Service Activities in P. Sheehan and G. Tegart Working for the Future Melbourne [M]. Victoria University Press, 1998.

[174] Paolo Guerrier. i: Technology and International Competitiveness: The Interdependence between Manufacturing and Producer Services [J]. Structural Change and Economic Dynamics, 2005 (16): 489–502.

[175] Parry, P., Martha, J., Grenon, G.: The Energy–efficient Supply Chain [J]. Strategy + Business, 2007, 47: 10.

[176] Qing Wu, Yinping Mu and Yi Feng: Coordinating Contracts for Fresh Product Outsourcing Logistics Channels with Power Structures [J]. Int. J. Production Economics, 2015, 160: 94–105.

[177] Quinn J. B., Baruch J. J.: Paquette P. C.. Exploiting the Manufacturing–Service Interface [J]. Sloan Management Review, 1988 (4): 61–64.

[178] Ramakrishnan Ramanathan: The Moderating Roles of Risk and Efficiency on the Relationship between Logistics Performance and Customer Loyalty in e–commerce [J]. Transportation Research Part E, 2010, 46: 950–962.

[179] Rivera L., Sheffi Y., Welsch R., Logistics Agglomeration in the US [J]. Transportation Research Part A, 2014 (59): 222–238.

[180] R. L. Stefanski. Essays on Structural Transformation in International Economics [D]. University of Minnesota Ph. D. Dissertation, 2009.

[181] Scherer F. M. Firm Size, Market Structure, Opportunity, and the Out of Patented Inventions [J]. American Economic Review, 1965 (5): 1097–1125.

[182] Scott J. Grawe: Logistics Innovation: A Literature – based Conceptual Framework [J]. The International Journal of Logistics Management, 2009 (3): 360 – 377.

[183] Sheu, J. B., Chou, Y. H., Hu, C. C.: An Integrated Logistics Operational Model for Green – supply Chain Management [J]. Transportation Research Part E, 2005, 41 (4): 287 – 313.

[184] Simpson D., Power D. and Samson D.: Greening the Automotive Supply Chain: a relationship perspective [J]. International Journal of Operations and Production Management, 2007, 27 (1): 28 – 48.

[185] van den Heuvel F. P., De Langen P. W., van Donselaar K. H., Fransoo J. C., Identification of Employment Concentration Areas [J]. European Planning Studies, 2014a (1): 204 – 226.

[186] Wang ying, Sang dayong: Multi – agent Framework for Third Party Logistic in E – commerce [J]. Expert Systems with Applications, 2005, 29: 431 – 436.

[187] Zhang A., Zhang Y., Zhao R. A Study of the R&D Efficiency and Productivity of Chinese Firms [J]. Journal of Comparative Economics, 2003 (3): 444 – 464.

后　记

即使在没有绿树掩映的冬季，中财"龙马担乾坤"在冬日暖阳的映照下依然彰显着历史厚重和时代精神。毕业之际，我的博士学位论文也顺利完成，才觉悟"心态归零"与"躬行践履"的不易，更体会了"耳闻之不如目见之，目见之不如足践之"的道理。

在此，我首先感谢我的老师——中央财经大学的博士生导师齐兰教授。在中央财经大学学习的四年中，齐兰老师的"师者如兰，香远益清"一直感染着我努力前行。齐兰老师时刻关心着我的生活、学习和工作，给予了我极大的关怀、帮助与支持。特别要感谢在论文撰写过程中老师给予的无私帮助和指导，老师严谨的治学态度、渊博的学识、闪耀的人格魅力以及敬业精神，使我切身感受到了何谓"师道、师德、师心"。

感谢中央财经大学经济学院的蒋选老师、张铁刚老师、王立勇老师、于爱芝老师、张志敏老师、戴宏伟老师、赵文哲老师、乔恒老师等。感谢我的同学与同门，他们是：苑西恒博士、赵立昌博士、刘琳博士、孟守卫博士、刘玲博士等，他们抱诚守真，襟怀坦白，给予了我艰难前行的鼓励、支持和帮助，成为他们的同学、同门甚感荣幸。

感谢内蒙古财经大学领导和同事们在工作和学习中给予我的理解和大力支持。特别要感谢侯淑霞教授、李瑞华教授、许海清教授和王莉华老师在学习和工作中给予的充分理解和信任；感谢钟敏老师、何海泉老师、李永杰老师、张潭君老师、鑫颖老师、包迎春老师以及我的学生刘鹏飞、刘志波在搜集数据和校对过程中所给予的真诚帮助和付出的艰辛劳动。

在完善自己学校教育具有里程碑意义的一个阶段，离不开家人的巨大支持。父亲给予的深沉之爱、姐姐一家给予的幸福之暖是我不断向前的坚实后盾。谢谢你们为我遮风挡雨，与我分担喜忧，有你们的陪伴是幸福更是踏实。

四年的学习离不开所有给我关心和帮助的老师、亲人、朋友、同事和同学，在此一并致谢。

当然，我也想真诚地谢谢自己，无论在何种境遇下，谢谢自己没有放弃，谢谢一直努力的自己。

似乎，博士阶段的学习生活，将从踏上一列开往家乡的火车结束了，这趟列车会给我无尽的遐想、对生活的憧憬和对未来的砥砺前行吧。于是，我写下：

再望一眼吞吐大荒

光阴流转年华似水难追

如果所有记忆可以叠加

弦歌不辍细诉桃李芬芳

峥嵘路，莫辜负

在这里留下最美的交集

多年以后

忆似月轮终皎洁

到底，可以如何再成长？

每个人都有自己的答案。感谢，成长于中央财经大学。

2017 年 5 月 26 日于中央财经大学